*Schönbrunn*

*Mit 162 Abbildungen, davon 91 in Farbe*

# Schönbrunn

*Text von Georg Kugler*
*Fotos von Gerhard Trumler*

*Edition Tusch*

FOTONACHWEIS:

Gerhard Trumler, Wien:

3, 5, 6, 7, 25, 29, 35, 38, 39, 41 oben, 42, 44, 46 – 53, 55 – 81 links,
84, 86, 87 oben, 88 unten, 94, 95 (Historisches Museum der Stadt Wien), 96

Öffentliche Institutionen:

Akademische Druck- und Verlagsanstalt, Graz: 41 unten, 88 oben links;
Albertina, Wien: 85;
Bildarchiv der Österreichischen Nationalbibliothek, Wien: 81 rechts, 83;
Bundesdenkmalamt, Wien: 82 unten;
Heeresgeschichtliches Museum, Wien: 43 unten;
Kunsthistorisches Museum (Foto Meyer), Wien: 9 – 11, 26 – 28, 30 – 34, 36,
37, 40, 43 oben, 45, 54, 82 oben, 87 unten,
88 oben rechts, 89 – 93, 118


ISBN 3-85063-010-2

Gestaltung: Kurt Lackner
Englische Übersetzung: Bruce Irvin Turner
Französische Übersetzung: Edwige Dressler
Italienische Übersetzung: Flora Wondré
Druck: Tusch-Druck, Wien

# *Schönbrunn*

*Commentaries in german, english, french and italian*
*Commentaires en allemand, anglais, français et italien*
*Descrizioni in tedesco, inglese, francese e italiano*

Eine Idee beherrscht während der Barockzeit das Denken und die Phantasie der Bauherren und Architekten im besonderen Maße: die Vorstellung vom fürstlichen Lustschloß.
Es war der Inbegriff barocken Lebensgefühls und fürstlicher Repräsentation, was freilich nicht den Schluß erlaubt, daß nur Genuß und Zerstreuung verheißen worden wären: es wurde auch als Auftrag und Verpflichtung verstanden.
Der Barockstil erfaßte alle Bereiche der weltlichen und geistlichen Kultur Europas im 17. und bis zur Mitte des 18. Jahrhunderts und wir sprechen von einem barocken Lebensgefühl, das alles beherrscht. Dieses Zeitalter des fürstlichen Absolutismus ist das letzte, das ohne Einschränkung auch nach einem von der Kunstgeschichte entlehnten Begriff benannt wird. Der ursprünglich negativ urteilende und ablehnende Ausdruck Barock kennzeichnet die hervorstechendsten Merkmale: Bewegung und Unregelmäßigkeit.
In der Tat drücken die barocken Kunstformen auch in der Dichtung und der Musik nicht Harmonie, sondern Kraft aus: sie will durch die gewaltige Verschmelzung aller Künste einen gleichsam berauschenden Zustand, ein gesteigertes Lebensgefühl erreichen, das wieder als Harmonie empfunden werden kann.
Das Barock ist als Antwort auf die italienische Renaissance zu verstehen – weniger Gegenbewegung als Steigerung. Die Merkmale der Genialität sind die gleichen. Ebenso eine ungeheure Fruchtbarkeit und die hohe Zahl von Begabungen, aus der es sich zum gesamteuropäischen Stil entwickelt.
Die Gattungen der bildenden Kunst: Architektur, Bildhauerei und Malerei stehen nicht nebeneinander sondern verschmelzen miteinander – die eine kann an die Stelle der anderen treten. Aus den Bauwerken brechen plastische Kräfte hervor, die Malerei setzt den bildhauerischen Wandschmuck fort oder täuscht

ihn vor, wie sie auch den Himmel der Bauwerke mit der Illusion kühnster Schöpfungen der Architekten erfüllt. Die Phantasie spielt im Barock überhaupt eine sehr große Rolle, und Projekte sind so wichtig wie ausgeführte Bauwerke. Der erste – unausgeführte, weil unausführbare – Entwurf Fischers von Erlach für das kaiserliche Lustschloß Schönbrunn trug zum Ruhm des Architekten, als anerkannte Meisterleistung, ebensoviel bei, wie irgendeines seiner fertiggestellten Bauwerke. Die Architektur des Barock träumt von grenzenlosen Möglichkeiten und offenbart darin Berührungspunkte mit dem Theater und der Musik, die beide die Grenzen von Raum und Zeit so leicht zu überwinden vermögen. Mit ihnen verbindet sie sich verwandtschaftlich bei festlichen Gelegenheiten: Ehrenpforten, Festplätze und Theaterdekorationen werden Kulissen für Musik und Schauspiel und für ausgeklügelte, zeremonielle Bewegungen „kostümierter" Teilnehmer. Auch das geistliche Drama der Jesuiten bezieht seine Wirkung von Baukunst und Festspiel. Was in einer durch und durch theatralischen Welt an seelischen Erregungen für Augenblicke zur Darstellung kommt, wird dann verewigt durch den Druck. Die Titelseiten der Bücher aber gleichen Tempeltoren oder Ehrenpforten. Selbst vergängliche, nur wenige Minuten wirkende Ereignisse, wie die prachtvollen Feuerwerke, werden nicht nur kunstvoll vorbereitet, sondern nachträglich auf Kupfertafeln sorgfältig festgehalten, als handle es sich darum, den Gartenpalast eines Fürsten zu verewigen. Beide Erscheinungen hängen eben ganz eng zusammen, an beiden schaffen dieselben Künstler: das barocke Lustschloß ist nicht ohne Garten, Orangerie und Fasanerie zu denken, der Garten nicht ohne Wasserspiele, ohne Karussells und Feuerwerke, die Feste nicht ohne beabsichtigte weitreichende Wirkung auf Zeitgenossen und Nachwelt. Die allgemeine Gültigkeit des Barockstils hat weltliche und kirchliche Kunst in einer Weise einander angeglichen, wie es niemals zuvor oder danach der Fall war. Was den Nachgeborenen als Profanierung des Religiösen erschien, die barocke Malerei und

Skulptur, etwa die Werke eines Rubens oder eines Bernini, trat als Kunst der neuen Gläubigkeit auf den Plan, rief mit rhetorischen Mitteln, einer Predigt gleich, die Menschen zum Altar. Diese durchaus römische Kunst verherrlichte aber auch den absoluten Fürsten, nicht nur den katholischen. Nach dem Dreißigjährigen Krieg haben auch die norddeutschen protestantischen Fürsten die Barockkultur, allerdings durch die französische ratio verändert und eingeengt, gleichsam gebändigt, aufgenommen und sehr rasch ganz eigenständig-deutsch geprägt. Hingegen waren die habsburgischen Länder von Anfang an dem barocken Wesen zugewandt. Noch auf dem Höhepunkt der Reformation fühlte sich das Herrscherhaus der katholischen Kirche und der spanischen Tradition verpflichtet. Es hat den Geist der Gegenreformation und des Barock weit ins 18. Jahrhundert hineingetragen. Das drückt sich auch in den großen Klosterburgen wie Göttweig, Melk, Klosterneuburg und St. Florian aus, die der ecclesia triumphans zugehören und doch mit dem imperialen Gedanken eng verbunden sind. Der französische Einfluß war in keiner deutschen Stadt so gering wie in Wien. Kunst und Kultur Spaniens und Italiens prägten die Residenzstadt Leopolds I., der fast die ganze zweite Hälfte des 17. Jahrhunderts regierte, aber auch noch die Karls VI. Erst Maria Theresia – nicht zuletzt durch ihren lothringischen Gatten stärker vom französischen Geist beeinflußt – sprach und schrieb auch französisch.
Ihr Vater, Karl VI., der seine Ansprüche auf das Königreich Spanien gegen die französische Partei nicht endgültig durchsetzen konnte, hatte eine Abneigung gegen Frankreich. Das geht auch aus einem Ratschlag hervor, den Prinz Eugen von Savoyen einem lothringischen Prinzen gab, als dieser nach Wien kam: er solle mit dem Kaiser deutsch reden, nur deutsch, wenn er ihm gefallen wolle.
Zwei Geschehnisse haben in der zweiten Hälfte des 17. Jahrhunderts das deutsche Nationalgefühl und das Bewußtsein des Zusammengehörens aller Deutschen gestärkt: die Besetzung der Freien Reichsstadt Straßburg durch Ludwig XIV. mitten im Frieden 1681 und die Belagerung der Reichshauptstadt Wien durch die Türken 1683. Auch in diesem zweiten Ereignis drückte sich die Absicht Frankreichs aus, die Hegemonie in Europa zu erlangen und die Weltstellung der Casa de Austria zu brechen. Im Jahre 1700 schwand sie zwar mit dem Aussterben des spanischen Stammes dahin, aber Frankreich war ausgeblutet und das Erbe des Weltreiches fiel schließlich an England.
Nach dem Entsatz von Wien begann der österreichische Siegeszug gegen Türken und Franzosen. Nach Not und Pest plötzlich Sicherheit und Gelingen! Selbstgefühl und Glanz kehren zurück. Triumph und Dank verbinden sich und werden durch das Jesuitendrama ebenso dargestellt, wie durch die Pestsäulen auf den Stadt- und Marktplätzen, durch den Bau von Palästen und Schlössern, durch Kaiser-Oper und Roß-Ballett. Sie alle sind höchster Ausdruck einer theatralischen Welt, in der spanisch-gravitätische Manier sich mit deutscher Derbheit und österreichischer Natürlichkeit zu barocker Lust verbinden.
Die größten Möglichkeiten zur Verwirklichung ihrer Pläne hatten nun in Österreich, vor allem in Wien, überraschenderweise die Architekten. Für sie wurde die Belagerung der Stadt durch das Heer des Sultans zu einer Sternstunde, denn die türkischen Verwüstungen verschafften ihnen die besten Voraussetzungen. Der Adel wetteiferte bald mit dem Kaiser, die Hauptstadt des Reiches neu zu bauen. An die Stelle des gotischen trat ein neues, barockes Wien.
Zu den der Nachwelt kaum bekannten römisch-deutschen Kaisern zählt Joseph I. (1705–1711), der älteste Sohn und Nachfolger Leopolds I. Als er – noch nicht 33 Jahre alt – nach nur sechsjähriger Regierung im Jahre 1711 den Blattern erlag, wurde eine überragende Herrscherpersönlichkeit zu Grabe getragen und mit ihr die größten Hoffnungen auf ein starkes Deutsches Reich. War doch dem Entsatz von Wien anno 1683 eine ununterbrochene Folge von Siegen über die Türken gefolgt und der Machtbereich des Kaisers bis auf den Balkan ausgedehnt worden. Schien doch der Krieg mit Frankreich zugunsten des Reiches entschieden, nachdem Prinz Eugen, zeitweise vereint mit dem Herzog von Marlborough, die Franzosen mehrfach besiegt hatte. Kaiser Leopolds jüngster Sohn Karl war seit 1703 König von Spanien und der unermeßlichen überseeischen Besitzungen. Vor diesem machtvollen

Leopold I.

Joseph I.

Hintergrund konnte auch ein künstlerisches Imperium entstehen. Es konnte an eine große Tradition angeknüpft werden; Wien war während der fast 50jährigen Regierung Kaiser Leopolds I. ein Zentrum des Musiktheaters geworden; die kaiserlichen Kunstsammlungen waren weltberühmt; die Hocharistokratie hatte nach der Türkenbelagerung, bei der so viele Gebäude, nicht nur das kaiserliche Jagdschloß in Schönbrunn, zerstört worden waren, eine unbändige Baulust ergriffen; sie hatte begonnen, neue Palais in den engen Gassen der Stadt oder Lustschlösser vor deren Mauern zu errichten, die sich mit ihren prachtvollen Gärten wie ein Kranz um Wien legten. Daß Schlösser und Gärten auch mit Leben erfüllt wurden, das in seiner Sinneslust der zeitgenössischen Baukunst entsprach, hat Abraham a Santa Clara drastisch geschildert und Wolf Helmhard von Hohberg, der niederösterreichische Landadelige und Dichter, angeprangert:

*Rechten, spielen, prächtig bauen, / Bürge werden, viel vertrauen,*
*Über seinen Stand sich zieren, / Gäste halten, banquettieren,*
*Unnütz Roß, viel Hund und Wind, / Übrig großes Hausgesind,*
*Gleichfalls Löffeln, Buhlen, Naschen, / Macht leere Küche, Keller, Taschen.*

Doch ließen sich die großen Herren weltlichen und geistlichen Standes durch solche Mahnungen nicht von ihrer größten Leidenschaft abhalten; sie bauten lustig weiter. Der bedeutendste Kopf des österreichischen Hochadels, Fürst Karl Eusebius von und zu Liechtenstein, schrieb im Jahre 1679 sogar ein „Werk von der Architektur" und bekennt darin: „Das Geld ist nur, schene Monumenten zu hinterlassen zue ebiger und unsterblicher Gedechtnuß."
Joseph, der energische und tatkräftige Kronprinz – wie sein Vater von hoher, auch schöpferischer

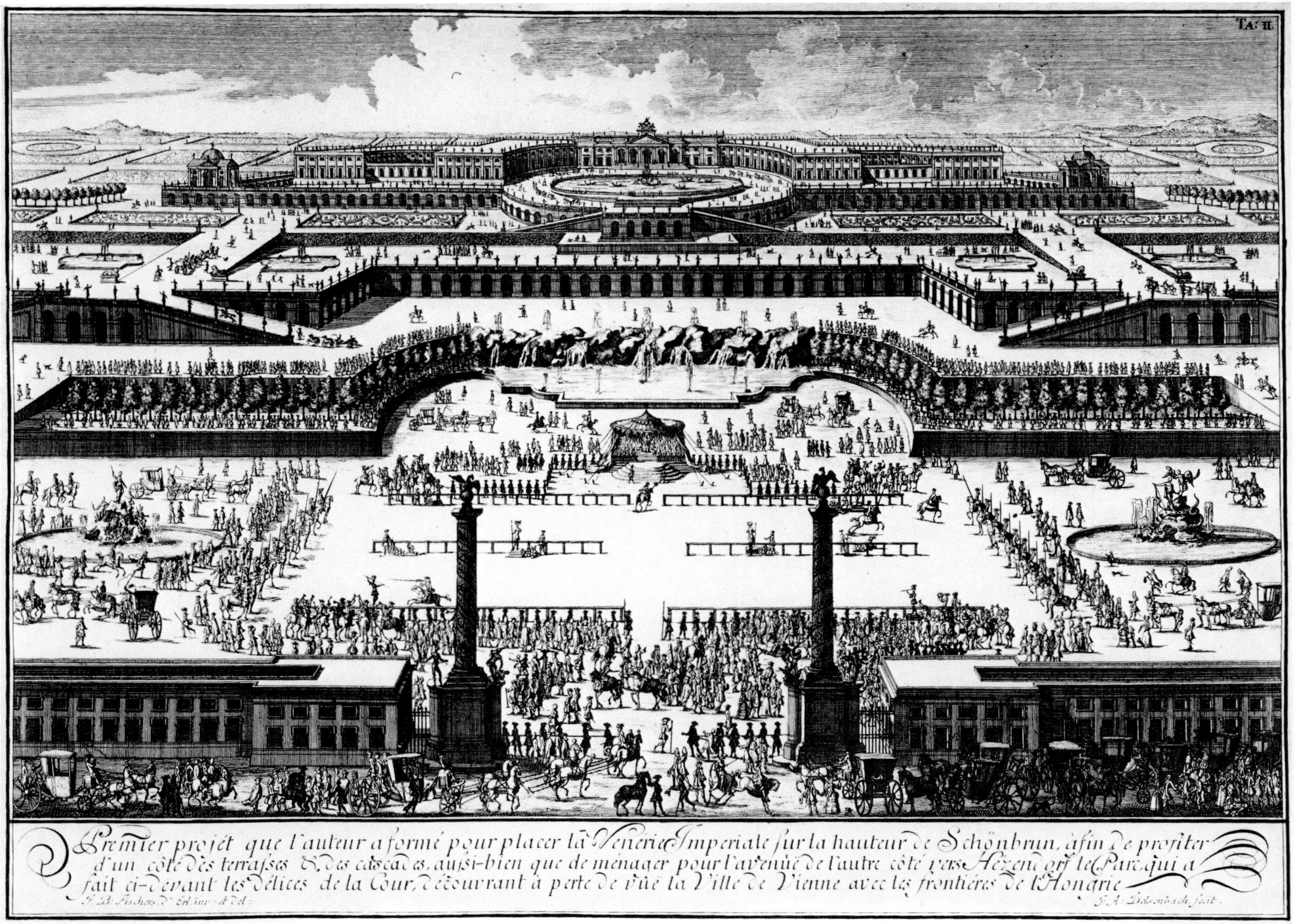


Musikalität und allen Künsten zugetan – wird an dieser glanzvollen Entwicklung lebhaften Anteil genommen haben. Dies umso mehr, als er seit 1687 täglich Architekturunterricht bei Johann Bernhard Fischer von Erlach genoß.

Diese Berufung Fischers von Erlach zum Lehrer des Kronprinzen war für die österreichische Architektur von schlechthin entscheidender Bedeutung. Der größte Architekt seiner Zeit erreichte als Dreißigjähriger eine Position, die ihm die reichsten schöpferischen Möglichkeiten eröffnete. In dieser politisch und künstlerisch so wichtigen Phase der deutschen und österreichischen Geschichte, etwa ein Jahrzehnt nach der Belagerung Wiens, verfaßte Johann Bernhard Fischer von Erlach, der historisch gelehrte Schüler Berninis, seinen ersten, aber niemals ausgeführten Entwurf für ein kaiserliches Lustschloß in Schönbrunn. Dieser Name stammt von dem „schönen Brunnen", der im Garten des Jagdschlosses „Katterburg" entdeckt wurde, das schon Kaiser Maximilian II. 1569 erworben hatte. Sein Wasser wurde hochgeschätzt, die Quelle mit der Figur einer Nymphe geschmückt und der Ort vielfach aufgesucht. Das weiträumige Areal des Tier- und Baumgartens war ebenso wie das Jagdschloß während der Belagerung Wiens im Jahre 1683 zerstört worden. Dort sollte nun ein neues Schloß errichtet werden. Zweifellos war der erste Entwurf Fischers für diesen Neubau vornehmlich eine Darstellung seiner

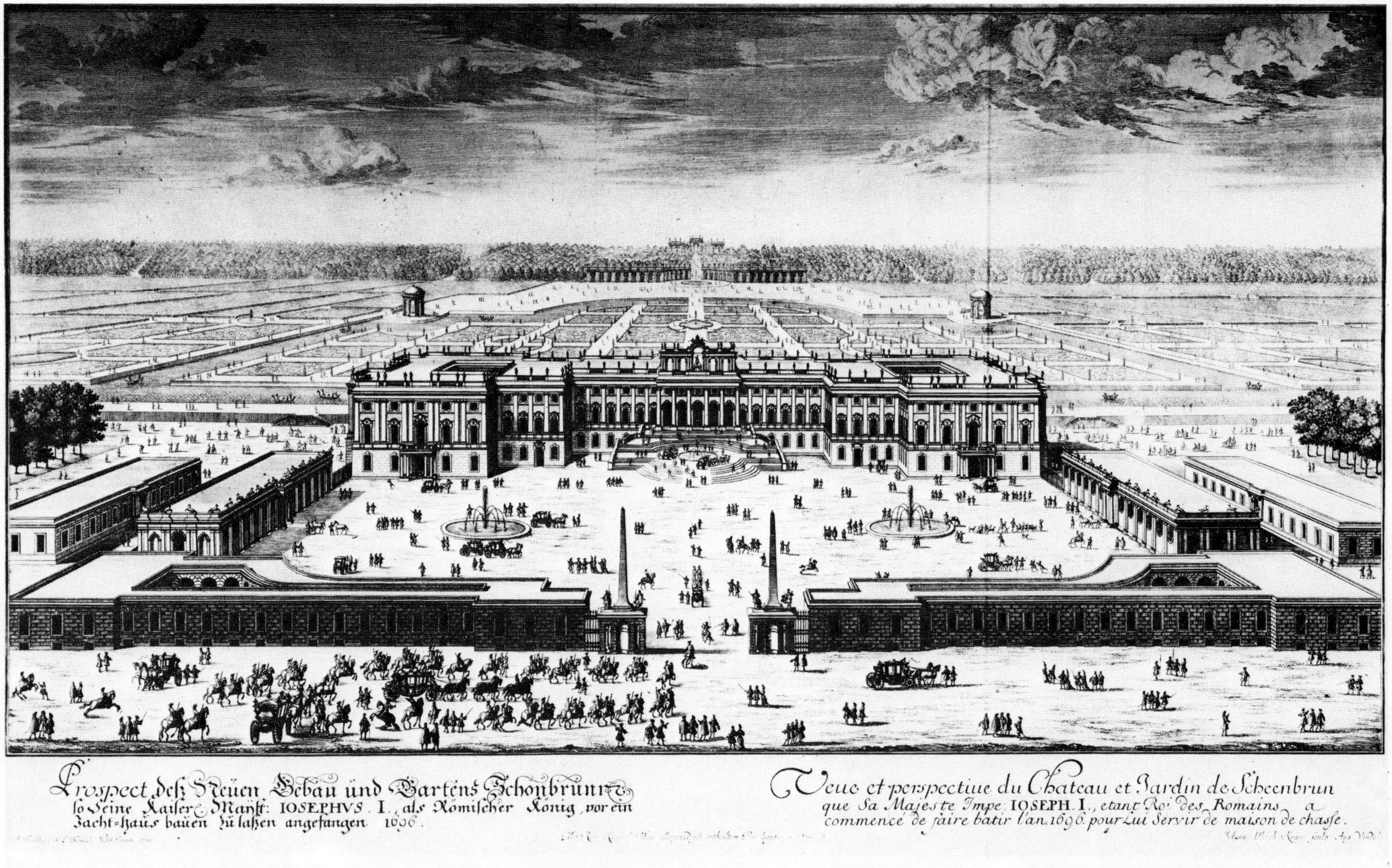


Der erste und zweite Entwurf Fischers von Erlach
The first and second design of Fischer von Erlach's
Premier et deuxiéme plan de Fischer v. Erlach
Il premo e secondo progetto de Fischer von Erlach

schöpferischen Fähigkeiten, aber auch Ausdruck der hochfahrenden Pläne seines königlichen Schülers – Joseph war im Jahre 1690 zum Römischen König gekrönt worden –, der den Gedanken einer römisch-deutschen Kaiserresidenz auf dem Hügel von Schönbrunn sicherlich wohlwollend an sich herantragen ließ.

Fischer plante einen großen Schloßbau auf der Anhöhe über dem Wiental, etwa dort, wo viel später die „Gloriette“ erbaut wurde. Von einem großen Turnierplatz sollte über fünf ausgedehnte, kunstvoll angelegte Terrassen mit Arkaden – begleitet von Kaskaden und Brunnen – der Weg hinaufführen zum Sitz des Kaisers. Jenseits des Schlosses, dessen projektierte Front dreiundsiebzig Fensterachsen umfaßt (der heutige Bau hat neununddreißig), sollte sich ein scheinbar unbegrenzter Park nach französischem Vorbild erstrecken.

Fischer hat dieses Projekt in seinem berühmten Kupferstichwerk, dem „Entwurf einer Historischen Architektur“ im Jahre 1721 abgebildet und in der Erläuterung vermerkt, daß der Blick vom Schloß über Wien bis an die Grenzen Ungarns – damals das Leithagebirge – reiche.

Ob Kaiser Leopold oder sein Sohn je an eine Verwirklichung dieses Phantasiegebildes gedacht haben und es nur aus finanziellen Gründen letztlich ablehnen mußten, bleibe dahingestellt. Es liegt im

Entwurf Fischers, so kunstvoll und überwältigend er uns in der „Historischen Architektur“ auch entgegentritt, etwas Kolossales, das dem Österreicher fremd ist. Wer wollte hier in Wien je ein „deutsches Versailles“? Davon war wohl die Rede, weil die Menschen immer Vergleiche anstellen mit anderen Ländern und Völkern und mit anderen Machthabern, damals besonders mit dem feindlichen Frankreich. Gerade die deutschen Reichsfürsten beteten – trotz der Raubkriege – alles nach, was vom Hofe Ludwigs XIV. kam. Die Habsburger aber haben ihre Stellung und die Ausübung der Macht immer mehr als Last und Pflicht empfunden, sie haben dynastisch gedacht und sich nicht selbst in den Mittelpunkt gestellt. Dies gilt besonders für Kaiser Leopold I. Sein Sohn Joseph war wohl empfänglicher für den französischen Personenkult und wäre vielleicht ein deutscher Sonnenkönig geworden. Deshalb wohl auch Fischers Idee, den zweiten, ausgeführten Schloßbau durch ein Reiterstandbild Josephs I. zu krönen, eine ganz unösterreichische Vorstellung. Die Reiterstandbilder der Habsburger waren bis dahin Miniaturen gewesen, Meisterwerke aus Bronze oder Elfenbein, unerreichte Virtuosenstücke, die die Kunstkammern zierten, aber sie waren keine Monumente.

Der zweite Entwurf Fischers von Erlach war in jeder Hinsicht einfacher, daher realistischer. Das Schloß ist in die Talniederung an der Wien versetzt und nur der ansteigende Nordhang des Hügels wurde als Park gestaltet. Nach diesem Projekt wurde 1696 der Bau begonnen.

Das fürstliche Lustschloß hatte am Ende des 17. Jahrhunderts in ganz Europa eine typische Form erreicht, die vor allem durch zwei ausgeprägte Fassaden charakterisiert ist: eine Hof- oder Stadtseite und eine Gartenseite. Die Hofseite zeigt meist einen abgestuften, gegen die Mitte eingezogenen Grundriß, den man auch hufeisenförmig nennen könnte. Die meist abgesetzten Seitenflügel, in Schönbrunn sind es selbständige Baukörper, umschließen den Ehrenhof, den „Cour d’Honneur“. Abgeschlossen durch oft prachtvoll gearbeitete Gitter und Gittertore – wie beim Belvedere in Wien – diente er zur Auffahrt der großen sechsspännigen Karossen; sie mußten an „Perrons“ heranfahren, die am Fuß einer großen Freitreppe lagen. Auch Feste konnten hier im Ehrenhof gefeiert werden.

Gegen den Garten ist die Fassade viel weniger, oft nur ganz zart gegliedert, sie schirmt den weiten Raum eines Parketts ab, an dessen Gestaltung bereits die Gesamtanlage des Gartens zu erkennen ist, in dem Natur in Architektur verwandelt wird.

Architektonische Hauptachsen, die vom Schloß bis tief in den Park hinauslaufen, haben wohl die französischen Gartenkünstler vorbildlich gestaltet, die Idee kommt aber aus dem Italien der Renaissance. Nach französischem Geschmack sollte sich der Garten nach dem Parkett auf fallendem oder ansteigendem Gelände erstrecken. Wir kennen diese abfallenden Gartenräume als Schauplatz von Watteaus Gemälden. Dem „Belvedere“ des Prinzen Eugen hat Hildebrandt einen der schönsten dieser „sinkenden“ Gärten vorgelagert. In Schönbrunn hatte der Gartenarchitekt hingegen – nach einem großen ebenen Parkett – ein rasch ansteigendes Gelände zu gestalten, was allerdings erst im Laufe von Jahrzehnten erfolgte und 1775 mit der „Gloriette“ schließlich seine Krönung fand.

Um die Wende vom 17. zum 18. Jahrhundert war man hingegen froh, daß der Mittelteil des Schlosses Schönbrunn soweit fertig gestellt war, daß man ihn Gästen zeigen und zeitweise darinnen wohnen konnte. Bald war Schönbrunn Schauplatz höfischer Feste und Empfänge, und im Juni 1700 fand ein großes Turnier im Schloßhof statt, der ja für diesen Zweck – „aux Courses et aux Carossels“ – angelegt worden war. Im übrigen galt die ganze Anlage nach wie vor als kaiserliches Jagdhaus, wie Fischers Plänen zu entnehmen ist. Die wildreichen Wälder, die sich rund um Hietzing – um 1830 noch als „das schönste Dorf Deutschlands“ bezeichnet – ausdehnten, bestimmten den Zweck des Schlosses. Auch der Lainzer kaiserliche Tiergarten lag ja in der Nachbarschaft.

Die Bauarbeiten an den Flügeln zogen sich wegen Geldmangels jahrelang hin, denn die Kehrseite des österreichischen Heldenzeitalters war ständige Geldnot, die 1703 beim Tode des Hofbankiers und Oberkriegsfaktors Samuel Oppenheimer fast zum Bankrott führte. Die Arbeiten verzögerten sich auch durch den Tod Kaiser Leopolds 1705 und wurden nach dem Tode Kaiser Josephs 1711 offensichtlich erst einmal eingestellt. Park und Wasserkünste waren aber angelegt worden, wohl durch Jean Trehet, der seit 1705 in Schönbrunn tätig war.

Im Jahre 1711 erbte das Schloß des Kaisers jugendliche Witwe Wilhelmine Amalie. Sie überließ es erst im Jahre 1728 ihrem Schwager Karl und zog sich in das Salesianerinnenkloster zurück. Kaiser Karl VI. war aber an Schönbrunn nicht sonderlich interessiert, auch dann nicht, als sich seine Herrschaft in Deutschland und Italien konsolidiert hatte und endlich Friede mit Frankreich geschlossen war.

Der Kaiser konnte nun zwar bauen, aber er baute anderswo. Er ließ die Hofburg durch Hofbibliothek, Winterreitschule und Reichskanzleitrakt erweitern, die Stallburg umbauen und die kaiserliche Gemäldegalerie – damals die größte der Welt – dort neu aufstellen. Auf dem Areal vor der Stadtbefestigung waren weitläufige Hofstallungen geplant, die allerdings nur in verkleinertem Umfang verwirklicht wurden. Vor allem strebte Kaiser Karl VI. danach, in Klosterneuburg einen deutschen Escorial zu errichten, eine wahrhaft kaiserliche Residenz. Und schließlich gab es noch andere Sommerresidenzen und Jagdschlösser außer Schönbrunn, die alle im Türkenjahr mehr oder weniger zerstört worden waren. Da war die Favorita auf der Wieden, in deren Mauern Karl VI. sterben sollte, weshalb seine Tochter Maria Theresia sie nicht mehr bewohnen wollte und dort die Theresianische Akademie errichtete, dann das Augartenpalais, auch Favorita in der Leopoldstadt genannt. Diese blieb zwar Ruine, aber Jean Trehet, der eben noch in Schönbrunn gebaut hatte, mußte den „Augarten“ ab 1712 erneuern.

Erst als eine neue Generation die politische Bühne betrat, erst als die 1736 mit Herzog Franz Stephan von Lothringen vermählte Erzherzogin Maria Theresia im Jahre 1740 zur Regierung in den österreichischen Erblanden kam, wendete sich das Blatt.

Dieser Regierungsantritt war zwar zu diesem Zeitpunkt geradezu selbstverständlich, aber nur auf Grund eines Hausgesetzes, durch das Karl VI. kraft seiner kaiserlichen Autorität die weibliche Erbfolge in seinem Haus bestimmt hatte. Diese „Pragmatische Sanktion“ erhielt dadurch, daß sie von den Landtagen in allen habsburgischen Ländern beschlossen wurde, den Charakter des ersten Staatsgrundgesetzes der Monarchie, was noch 1918 von Bedeutung war. Freilich mutet es uns heute merkwürdig an, wie diese in rein dynastischem Denken befangene Zeit die Reiche und Länder als Privatbesitz ihrer Herrscher aufzufassen beliebte. In den letzten Lebensjahren Kaiser Karls VI., als die Hoffnung auf einen Sohn schwand, war die Anerkennung der weiblichen Erbfolge durch die europäischen Mächte erklärtes Ziel der kaiserlichen Politik. Prinz Eugen freilich hat diese diplomatisch-politischen Bemühungen mit Skepsis beurteilt und stets gemeint, ein gerüstetes Heer und eine volle Staatskasse seien wertvoller als alle Verträge.

Als der Kaiser starb, mußte man bald erkennen, daß er darin recht behalten sollte. Die Verträge waren ein Fetzen Papier und die dreiundzwanzigjährige Erzherzogin, die noch vor Jahresfrist in Preßburg gekrönt und damit „König“ von Ungarn wurde, befand sich mitten im Krieg!

Sparsamkeit und Einschränkung auf allen Gebieten tat not. Es wird berichtet, daß die neue Herrscherin entsetzt darüber war, daß die Hofküche jährlich 4.000 Gulden für Petersilie verrechnete, oder daß der (seit dreißig Jahren) verwitweten Kaiserin Wilhelmine Amalie, ihrer Tante, täglich 12 Kannen Wein als Schlaftrunk geliefert wurden, jeder Hofdame sechs!

Von Anfang an kümmerte sie sich um jede Kleinigkeit, selbst um die persönlichen Angelegenheiten ihrer Bediensteten. Sie gewann, wie wohl kaum ein Herrscher vor ihr, Einblick in die Geschäfte des Reiches und in die Bedürfnisse des Volkes, aber der große Überblick fehlte oft. Da hat ihr Gatte wohl gefühlt, daß er vieles besser wußte, weil er von vielem weniger wußte, aber Maria Theresia ließ keinen Zipfel ihrer Macht aus den Händen. Franz Stephan hatte dadurch einen sehr sonderbaren Status bei Hof.

Einer der ältesten und vornehmsten Familien Europas entstammend, war er doch nur ein armer Prinz gewesen, als er 1723, fünfzehnjährig, den Töchtern des Kaisers in Prag seine Aufwartung machen durfte. Das Herzogtum Lothringen, von Frankreich wiederholt erobert und jahrzehntelang besetzt, stand zum letzten Mal auf dem Spiel, als der neugebackene Herzog Franz Stephan im Jahre 1735 auf sein Stammland verzichten sollte, um den Frieden im Polnischen Erbfolgekrieg zu retten. Lothringen sollte zuerst Stanislaus Leszczynski bekommen, der dafür auf die Krone Polens verzichtete, später aber an Frankreich fallen. Das Haus Lothringen sollte mit Toskana entschädigt werden, sobald der letzte Medici gestorben war. Franz Stephan stimmte diesem Schacher nur unter Zwang zu, dreimal warf er die Feder weg, bis Johann Christoph von Bartenstein, der Sekretär der Geheimen Konferenz, ihn anfuhr: „Kein Verzicht, keine Erzherzogin!“ Franz Stephan wußte richtig zu wählen. Sein Leben lang blieb er – ob nun Großherzog von Toskana, Mitregent in Österreich oder Kaiser – was das Herz Maria Theresias sich aus ihm machte, und das war viel! Trotzdem ließ sie ihn kaum an die Regierungsgeschäfte heran. So suchte er bald ein anderes Betätigungsfeld, auf dem seine Begabung offensichtlich wurde: die Wirtschaft. Der Prinz von Lothringen, der arm in Wien eingetroffen war, starb als Millionär.

Zunächst fehlte aber das Geld an allen Ecken! Doch nachdem Maria Theresia die Feuerprobe im sogenannten ersten Schlesischen Krieg gegen Friedrich II. bestanden hatte, der Weiterbestand des Staates gesichert war und später, nach dem Tode des Wittelsbacher Kaisers, sogar das Kaisertum wieder zum Hause Österreich kam, trachtete man auch wieder danach, den hohen Ruf des „kaiserlich-königlichen“ Hofes zu wahren.

In diesem Wunsche trafen sich Herrschende und Untertanen nicht nur während der Barockzeit. Königtum und Staat galten als eins, Privatvermögen des Fürsten und Staatsvermögen wurden noch nicht unterschieden, die Ehre und das Ansehen des Hofes waren die des Staates, der Nation!

Die Würde der Monarchie verlangte äußeren Glanz. In einem zeitgenössischen Bericht heißt es (über Karl VI.): „Wenn der Kaiser ausfuhr immer mit der Garde zu Pferd und zu Fuß, mit mehr als zwanzig Carossen, das verbreitete eine wahrhaft kaiserliche Majestät!“

In diesem Sinne wurden endlich großzügige Pläne ausgearbeitet, auch das Schloß Schönbrunn nicht nur fertigzustellen, sondern zu erneuern, wobei Maria Theresia selbst vor allem die innere Einteilung des Gebäudes bestimmen wollte. Etwas boshaft berichtete später darüber Otto Christoph Graf Podewils, der Gesandte Friedrichs II. von Preußen, seinem König: „Sie hat Freude am Bauen, ohne etwas davon zu verstehen, wovon das Haus, das sie in Schönbrunn nach ihrem Geschmack hat bauen lassen, Zeugnis ablegt.“ Tatsächlich verwarf Maria Theresia häufig bereits approbierte Pläne. Ihre Änderungswünsche verärgerten die Bauleute, das Ergebnis diejenigen, die im Schloß wohnen sollten, vor allem ihren Gatten. Daß er „seinen Digusto nicht bergen kunte“, wie uns Khevenhüllers Tagebuch (1746) verrät, ist allerdings nicht allzu ernst zu nehmen, denn er wollte mit seiner Kritik vor allem den Hofbaudirektor treffen, den portugiesischen Grafen Emanuel Siva Tarouca. Während nämlich Maria Theresia alle Bauangelegenheiten mit ihm, ihrem langjährigen Mentor und Vertrauten, zu besprechen pflegte, befragte sie Franz Stephan offensichtlich nicht nach seiner Meinung. So war es von Anfang an gewesen: nicht der von ihm favorisierte lothringische Architekt Jean-Nicolas Jadot de Ville-Issey hatte den großen Auftrag erhalten, sondern der junge, 1716 in Wiener Neustadt geborene Nikolaus Pacassi. Dieser machte sich im Jahre 1743, als die Österreicher siegreich gegen Bayern und Franzosen vordrangen daran, das Schloß außen und innen gründlich umzugestalten. Da Österreich den Krieg nur mit Hilfe englischer Millionenzahlungen führen konnte, entstand damals das Gerücht von den englischen Subsidiengeldern, mit denen Schönbrunn gebaut worden sei.

Wir sehen heute die Hoffassade und den Ehrenhof Schönbrunns im wesentlichen so, wie Maria Theresia sie in diesen Jahren hat entstehen sehen, wie Bellotto den Komplex gemalt hat. Die einschneidendste äußerliche Veränderung an Fischers Bau erfolgte durch den Einzug eines Stockwerkes über dem Hauptgeschoß. Da die Kaiserin einen Großteil des Jahres in Schönbrunn verbringen wollte

und ihre Familie außerdem viel größer war als die ihrer Eltern, benötigte sie mehr Wohnräume. Der Bedarf stieg noch mit den Jahren, denn von den sechzehn Kindern der Kaiserin wurden doch zehn erwachsen; unverheiratete sollten fünf, verheiratete zehn Wohnräume benützen dürfen, wenn sie anwesend waren.
Schließlich benötigte man im Schloß auch mehr Dienerschaft – war doch bereits jedes Kind von einem kleinen Hofstaat umgeben – mehr Gästezimmer und nicht zuletzt funktionell durchdachte Repräsentationsräume, die sich für familiäre Festlichkeiten ebenso eigneten, wie für wichtige Staatsaktionen. Pacassi trug daher wesentliche Teile des Mittelbaues einfach ab und errichtete an Stelle des großen Prunksaals, der sich von der Hofseite bis zur Gartenseite erstreckt hatte, und an Stelle der benachbarten Antikammern die zwei berühmten Galerien. Die Große Galerie liegt an der Hofseite und ist über eine damals neu erbaute, große geschwungene Freitreppe zu erreichen, die eine fünftorige Durchfahrt freiläßt. Im geänderten Zeremoniell spielt sie eine Rolle. Während im Hochbarock die sechsspännigen Karossen über breite Rampen an das Schloß heranfahren sollten, fuhren sie im Rokoko in die „sala terrena" des Gebäudes ein. Von hier führten dann Stiegenhäuser hinauf. Pacassi schuf im Erdgeschoß eine ausgedehnte Pfeilerhalle und erbaute die Blaue Stiege, über die Besucher auch heute hinaufgeführt werden. Sie trat an die Stelle eines Speisesaals des Fischerschen Baues, dessen noch erhaltenes Deckengemälde der berühmte Venezianer Sebastiano Ricci kurz nach 1700 gemalt hatte. Parallel zur Großen Galerie – und durch drei Bögen zu ihr geöffnet – liegt die Kleine Galerie an der Gartenfront, begleitet von zwei Chinesischen Kabinetten, einem runden im Westen und einem ovalen im Osten, beide auch durch einen versteckten Stiegenaufgang erreichbar.
Von der Kleinen Galerie führen über einen großen Balkon wiederum zwei Treppen in das Gartenparkett. So schuf Pacassi eine Einheit von kunstvoll miteinander verbundenen und doch abgrenzbaren, daher vielseitig verwendbaren Festräumen als Herzstück des Schlosses.
Er verband sie mit den Seitenflügeln durch mehrere repräsentative Räume, die teils Fischers Grundrisse zeigen, wie die beiden Antikammern links und rechts der Großen Galerie, von denen die östliche heute Karussellzimmer genannt wird, teils schuf er neue Räume, wie den Zeremoniensaal neben der Schloßkapelle im Ostflügel.
Während die Fassaden Schönbrunns durch die Umgestaltung sicherlich nicht gewonnen haben, bildet die neue Anordnung und Gestaltung der Innenräume eine Meisterleistung Pacassis. Der Einfluß der Kaiserin auf diese Veränderungen darf freilich nicht unterschätzt werden. Sie hat ihr Leben lang an der Einrichtung und weiteren Ausgestaltung des Schlosses lebhaften Anteil genommen, große Geldbeträge ausgelegt und bis in ihr Todesjahr den Ausbau des Gartens betrieben.
Pacassis Umbau war 1749 abgeschlossen. Rund ein Jahrzehnt später wurden die Galerien verändert und erhielten flache Gewölbe, die Gregorio Guglielmi 1760 bis 1762 bemalte.
Es ist bemerkenswert, daß auf diesen Fresken das Kaiserpaar völlig natürlich dargestellt wird, ohne irgendeine Art Heroisierung, als handelnde Menschen eines mehr oder weniger historischen Ereignisses. Die Verleihung des Militär-Maria-Theresien-Ordens und die Episoden aus dem Siebenjährigen Krieg, der noch andauerte, als die Fresken gemalt wurden, sind sogar Darstellungen aktuellen Geschehens. Maria Theresia hatte einen erstaunlichen historischen Sinn; sie ließ von Martin van Meytens die großen familiären und politischen Feste, nämlich die Vermählung ihres Sohnes Joseph mit Isabella von Parma im Oktober 1760 und seine Krönung zum Römischen König in Frankfurt im März 1764 in Bilderzyklen festhalten. Meytens und zahlreiche Maler aus seinem Schüler- und Werkstattkreis begannen unmittelbar nach dem ersten Ereignis mit der Ausführung und arbeiteten etwa von 1761 bis 1763 daran, also in den Jahren, in denen Guglielmi die Deckenfresken malte. Danach schufen sie die Krönungsserie, die leider im Zweiten Weltkrieg schwere Schäden erlitten hat, weshalb heute in Schönbrunn nur mehr die Darstellung des Krönungsmahls im Römer gezeigt werden kann.

Bemerkenswerterweise beauftragte die Kaiserin ihren Hofmaler Meytens auch damit, ein weit zurückliegendes Ereignis darzustellen, nämlich das Damenkarussell des Wiener Hofes vom 2. Jänner 1743. Neben diesem Gemälde hängt heute im „Karussellzimmer“ ein weiteres Bild dieser Gruppe, die Darstellung der ersten Verleihung des 1764 gestifteten Sankt-Stephans-Ordens.
Alle diese Gemälde waren wahrscheinlich für eine Ruhmeshalle des Hauses Habsburg gedacht, die Maria Theresia im Schloß Belvedere einrichten wollte. Erst als dieses Gebäude 1776 für die kaiserliche Gemäldegalerie bestimmt wurde, kamen die „Historienbilder“ nach Schönbrunn. Die Hochzeitsserie gelangte in den Zeremoniensaal, der damals „Batagliensaal“ hieß – nach großen Schlachtenbildern, die seine Wände bis zu diesem Zeitpunkt schmückten.
Ein Beispiel für den damals noch ungewöhnlich romantischen Zug des erwähnten historischen Interesses an der eigenen Familie stellt das Landschaftsbild mit der Ruine der Habsburg dar, das Joseph Rosa um 1765 malte. Es zählt zu einer Serie von alpinen Landschaften mit Hirten und Bauern, die in drei Räumen an der westlichen Gartenfront – „Rosa“-Zimmer genannt – Platz fanden.
Nach seiner Ausstattung mit Gemälden ist auch das Rösselzimmer benannt, das vom ovalen Kabinett zum Zeremoniensaal führt. Es ist seit Maria Theresiens Zeit mit einem großen Gemälde geschmückt, das ihren Onkel Kaiser Joseph I. (1705–1711) in großer Gesellschaft bei einer Parforcejagd in den Marchauen darstellt. Die anderen Gemälde im Rösselzimmer stammen von der Hand des berühmten Hoftiermalers Johann Georg von Hamilton; sie sind auf Kupfertafeln gemalt und sollten richtig Pferdeporträts genannt werden. Meistens tragen sie den Namen des Pferdes und des Gestüts. Das edle Tier spielte ja im höfisch-aristokratischen Lebenskreise eine bedeutsame Rolle als treuer Gefährte des Helden im Krieg, es war als Zugtier und Paradepferd prächtiger Begleiter der großen zeremoniellen Auffahrten, unerläßlicher, lebendiger Mitgestalter des Festes. Seine Stallungen glichen Palästen, sein Aussehen wurde in Porträts überliefert, die man dann zu Pferdegalerien zusammenstellte. Eine der wenigen erhaltenen ist jene in Schönbrunn. An ausgedehnte Stallungen für die kaiserlichen Leib- und Paradepferde war auch in Schönbrunn gedacht worden. Dem Grundriß des Baus Johann Bernhard Fischers von Erlach entnehmen wir, daß sie in den beiden freistehenden seitlichen Gebäuden des Ehrenhofes – „Ecurie pour 200 chevaux“ – untergebracht werden sollten. Links und rechts vom Haupteingang waren hingegen die Remisen für die Karossen vorgesehen. Die Stallgebäude verband erst Pacassi durch Arkaden mit dem Schloß und baute sie zu sogenannten Kavalierstrakten um. Die Stallungen und Remisen verlegte er weiter nach Westen. In einem Teil dieser Baulichkeiten und in der erst später errichteten Winterreitschule befinden sich seit 1922 die Schausammlung und die Depots der „Wagenburg“.
Es wurde schon früher erwähnt, daß Kaiserin Maria Theresia die Ausgestaltung des Schlosses durch die Jahre hindurch mit Leidenschaft weiter betrieb. Häufig waren Veränderungen mit Reparaturen verbunden, die im Laufe der Jahre in größerem oder kleinerem Umfang immer wieder notwendig wurden, oder sie hingen mit familiären Ereignissen zusammen.
Ein einschneidendes Ereignis im Leben der Kaiserin war der unerwartete Tod ihres geliebten Gatten, Kaiser Franz' I., im Sommer 1765 in Innsbruck. Dort hatte man sich versammelt, um die Hochzeit des Erzherzogs Peter Leopold mit der Infantin Maria Ludovika zu feiern. Nach dem Tod des Vaters übernahm nun „Pietro Leopoldo“ als zweitältester Sohn die Regierung des Großherzogtums Toskana, und das junge Paar reiste daher nach Florenz. Infolgedessen wurden mehrere Räume, u. a. diejenigen, die zur „Retirada“, also zu den Privatgemächern des Kaisers gehört hatten, ganz neu gestaltet. In erster Linie ist in diesem Zusammenhang das Vieux-laque-Zimmer zu nennen. Der Name bezeichnet in diesem Fall chinesische und japanische Lackarbeit, goldfarbene Darstellungen von Landschaften, Gärten, Blumen und Vögeln auf schwarzem Grund.
 Räume, deren Vertäfelung mit ostasiatischen Lacktafeln noch vollständig erhalten ist, sind heute selten

geworden. Viele wurden später verändert, häufig deswegen, weil sie Beschädigungen aufwiesen, die man nicht reparieren wollte; andere sind mit den Schlössern zugrunde gegangen. In Versailles wurden solche Appartements erst um 1950 rekonstruiert. Ihre Tafeln stammen aber aus der Werkstatt des Pariser Lackkünstlers Martin. Die Wiener Tafeln hat Maria Theresia um 1770 für sehr viel Geld erworben. Sie liebte derartige Arbeiten mehr als Diamanten, wie sie selbst einmal sagte, als es darum ging, der einflußreichen Marquise de Pompadour ein kostbares Geschenk zu machen: „Ich mache mir aus nichts auf der Welt etwas, auch aus allen Diamanten nichts, nur was aus Indien kommt, besonders Lackarbeiten und auch Tapeten machen mir Freude."

Maria Theresia liebte das Vieux-laque-Zimmer auch wegen der Familienporträts, die in die Wände eingelassen sind: Es sind dies ihr Gatte Franz I., ihre beiden Söhne Joseph II. und Leopold II. und unter dessen Kindern ihr erster langersehnter Enkel Franz II., dessen Geburt sie einst freudig ihren Wienern aus einer Loge des Hofburgtheaters mit den Worten verkündet hatte: „Kinder, der Poldl hat an Buam!"

Auch das Millionenzimmer verdankt seinen Ruhm orientalischen Kunstwerken. Es sind indopersische Miniaturen, bedeutende Zeugnisse der Mogulkunst aus der Zeit um 1600. Sie waren in Europa hochgeschätzte Sammlerstücke, die schon Rembrandt gekannt hat.

Interesse und Vorliebe für die chinesische und die gesamte fernöstliche Welt, ihre Kultur und Kunst, haben Europa mehrmals ergriffen: zuerst am Ende des 16. Jahrhunderts, dann während des beginnenden 18. Jahrhunderts. Stets wurde das Porzellan als der Inbegriff chinesischen Kunsthandwerkes überaus geschätzt, es wurde gesammelt, gefälscht und schließlich in ganz Europa in fürstlichen Porzellanmanufakturen hergestellt, deren frühe Erzeugnisse als „Meissen", „Nymphenburger", „Alt Wien" usw. legendären Ruf und Wert bei Sammlern genießen. Die höfische Mode war chinesisch beeinflußt, und in den Schlössern sammelte man chinesische Gegenstände in entsprechend gestalteten Räumen. Die Gesellschaft dilettierte selbst in orientalischen Kunstübungen. Für Schönbrunn entwarf angeblich Erzherzogin Isabella, die Gemahlin Josephs, die „chinesische" Ausstattung des blauen Porzellanzimmers.

Hier wäre anzumerken, daß der Besucher eines Schlosses nicht die Art und Weise übersehen oder vergessen darf, wie es bewohnt oder benützt worden ist. Abgesehen davon, daß Schlösser zu verschiedenen Zwecken erbaut wurden, ließ ihre Einrichtung darauf schließen, ob sie dauernd oder nur selten benützt wurden. Schönbrunn war zwar als Jagd- und Lustschloß geplant und erbaut worden, wurde aber nach dem Umbau von Maria Theresia vom Frühjahr bis zum Spätherbst regelrecht bewohnt. Der Hof übersiedelte meist nach Ostern aus der Hofburg nach Schönbrunn. Die Höflinge, vor allem die Damen, waren darüber nicht glücklich, wie wir Khevenhüllers Tagebuch entnehmen können. Er schreibt da im Frühjahr 1752:

„Den 5. April ware alles veranstaltet, um die Schönbrunner Rais anzutreten; allein nachdeme das Wetter sich auf einmahl also verschlimmert und seit gestern Abend es sogar mit Schnee angehalten, so wurde mir in der Fruhe von der Kaiserin der Befehl zugeschickt, den Aufbruch biß auf weitere Ordres zu contremandiren, worüber wir andere erfrorene Leuth und zumahlen die arme Hoffbediente ungemain frohlocket haben."

War man in Schönbrunn, hatte das Leben doch Züge eines Landaufenthaltes; es war weniger zeremoniell, familiärer. Die Kaiserin wollte „mit dem Kaiser eine bürgerliche Ehe führen", wie der preußische Gesandte Graf Podewils halb amüsiert, halb kritisch berichtete, sie wollte eine vorbildliche Gattin und eine sorgende Mutter sein. Es soll keinen Tag gegeben haben, an dem sie ihre Kinder nicht gesehen hätte. Sie hat nicht nur angeordnet, daß „die Saubrigkeit genau zu beachten sei" und betont, daß ihre Kinder geboren seien, um zu gehorchen, sich mithin beizeiten daran zu gewöhnen hätten, sondern überließ auch die gesamte körperliche und seelische Erziehung nicht wie andere hohe Herrschaften allein den Erziehern. Und doch wurden alle, als es um die Ehe ging, ein Opfer der Politik. Alle mußten politische Ehen schließen. Um für all dies den notwendigen Überblick zu gewinnen, bedurfte es eines geregelten Familienlebens, das während einer Jahreshälfte in Schönbrunn stattfand. Deshalb unterscheidet sich dieses Schloß ganz wesentlich von den anderen großen Schlössern. Wir verstehen die persönliche Anteilnahme der Prinzen und Prinzessinnen an der Ausgestaltung der Räume somit besser. Sind doch Tuschzeichnungen Kaiser Franz Stephans und seiner künstlerisch besonders begabten Töchter Maria Christine und Maria Elisabeth im Porzellanzimmer sogar in der Wandvertäfelung eingelassen.

Der fürstliche Dilettantismus wandte sich aber auch dem Theater und der Musik zu; Wohn- und Festräume des Schlosses sollten davon erfüllt werden. Was wäre der Hof eines Barockherrschers ohne Theater! Die Bestimmungen über Theateraufführungen und wem deren Besuch gestattet werden solle zählten daher auch zu den wichtigsten Punkten der Schönbrunner Hausordnung, wie sie die Kaiserin dem Obersthofmarschall Graf, später Fürst Khevenhüller erteilte.

Seit der Zeit der selbstkomponierenden Kaiser Ferdinand III., Leopold I. und Joseph I. war Wien Zentrum des Musiktheaters gewesen. Dichter, Komponisten, Theaterarchitekten und gar die Sänger waren fast ausschließlich Italiener, Wien war geradezu die musikalische Hauptstadt Italiens! Karl VI. hatte die eminente musikalische Begabung geerbt und war wie sein Vater ein großer „Theaterfürst" – wenn auch weltmännischer und überlegener als dieser – studierte selbst Opern ein und dirigierte sie, wenn er nicht unter den Musikern im Orchester saß. Sein Lehrer war Johann Joseph Fux, er berief Antonio Caldara nach Wien, bemühte sich um die Berufung Goldonis und als er 1728 in Triest Antonio Vivaldi begegnete, soll er mit ihm in vierzehn Tagen mehr gesprochen haben, als mit seinen Ministern in zwei Jahren.

Wien konnte im 18. Jahrhundert somit seine Bedeutung in musikalischer Hinsicht bewahren, ja es konnte den Stilwechsel von der großen, festlichen Barockoper zur deutschen Oper, zum deutschen Singspiel aus eigenen Kräften vollziehen. Gluck, Haydn und Mozart – Musik wurde zum Wesensausdruck der Stadt.

Maria Theresia liebte Musik und Tanz, sie sang schön und gerne. Dem Theater war sie zugetan, wie ihr trefflicher Ausspruch bezeugt: „Spectacle müssen sein, ohne dies kann man nicht hier in einer solchen Residenz bleiben."

Wie sagt doch Carl Jacob Burckhart in seinem schönen Essay über Maria Theresia: „... das Wien, in welchem Maria Theresia aufwuchs, stand noch in einem großen Lebenszusammenhang, der von Neapel über Rom und Mailand, über Brüssel und Antwerpen führte; Madrid war unvergessen im Geiste dazugehörig, und das war die wirkliche Welt der Barockkultur, die im wesentlichen habsburgisch-gegenreformatorisch ist. Festlich war dies alles, und nichts ist festlicher als Österreich im siebzehnten und achtzehnten Jahrhundert, als Wien, seit jeher festliches Hoflager hinter der Front."

Neben den Hoftheatern in der Stadt gab es auch Bühnen in den kaiserlichen Schlössern. Das Schönbrunner Schloßtheater wurde nun das wichtigste, das erst Pacassi in den Jahren 1743 bis 1747 auf Wunsch Maria Theresias an der Nordwestecke des Ehrenhofes im Zuge der schon erwähnten Umgestaltung der seitlichen Stallgebäude errichtete. In den sechziger Jahren, während der zweiten großen Bauperiode in Maria-Theresianischer Zeit, wurde es von Hohenberg, dem Architekten der „Gloriette", neu ausgestattet.

Im übrigen spielte man nach wie vor auch in intimerem Rahmen im Zeremoniensaal oder in den Galerien. Theater war ein wesentlicher Teil der höfischen Kultur: nicht nur Unterhaltung, sondern auch Repräsentation; nicht nur bewunderndes Zusehen, sondern auch engagierte Mitwirkung. Maria Theresia und ihre Schwester Maria Anna waren dazu angehalten worden, und die Kaiserin hielt es so mit ihren Kindern, die wiederholt auf der Bühne standen.


Kaiser Karl VI. hatte den berühmten venezianischen Dichter Apostolo Zeno (1668–1750) zum Hofpoeten berufen. Auf dessen Vorschlag holte er dann 1729 auch den Römer Pietro Antonio Metastasio (1698–1782) aus Neapel nach Wien. Obwohl dieser sich zuerst nicht an die „Förmlichkeiten des Hoflebens" und an die „lärmende Pracht" gewöhnen konnte, die am Hofe „der höchsten Persönlichkeiten der Erde" herrschte, blieb er doch bis an sein Lebensende in Wien. Er bildete den künstlerischen Geschmack beider Kaisertöchter, wurde zum Lieblingsdichter Maria Theresias und war ihr von Herzen ergeben.

Selbstverständlich schrieb er italienisch, was nicht nur alle Gebildeten verstanden, sondern geradezu zur zweiten Umgangssprache Wiens geworden war. Von Metastasio stammt der Ausspruch, daß ihm die 52 deutschen Ausdrücke, die er erlernt habe, nötigenfalls genügen müßten, ihm das Leben zu retten.

Metastasio ist der Dichter einer vielzitierten Ode „La deliziosa Imperial Residenza di Schönbrunn", seine Bedeutung liegt aber darin, daß er zahlreiche poetische Opern verfaßte, zu denen Caldara, Wagenseil, Gluck, Haydn und Mozart die Musik schrieben. So lautet die anerkannte Rang- und Reihenfolge: „Der Dichter gibt die Zeichnung, der Musiker koloriert sie nur", so Gluck in der Vorrede zur „Alceste". In der Tat waren die Texte Metastasios von hoher Wortmelodie und poetischem Ausdruck, wodurch sie die Musik vorzeichneten.

Metastasio schuf einen für die Kaiserstadt charakteristischen Opernstil, der mit dem Phänomen des barocken Lustschlosses und dem des Rokoko eng verbunden ist. Im Schloßtheater wurde 1767 aber auch Glucks „Alceste" uraufgeführt, die zweite seiner großen Reformopern, mit denen er sich vom Stil Metastasios löste und schlichte, edle Charaktere im klassischen Sinn auf die Bühne stellte. Der Dichter dieser Oper war der abenteuerliche Calzabigi. Im übrigen hat Mozart im Jahre 1781 eine Aufführung der „Alceste" im Schönbrunner Schloßtheater miterlebt.

Neben der italienischen Literatur spielte die französische klassische Tragödie im Spielplan der Hofbühnen eine große Rolle. Erst Kaiser Joseph II. interessierte sich für die deutsche Literatur und begründete 1776 zu deren Förderung bekanntlich das deutsche Nationaltheater in Wien, das nachmalige Burgtheater. Auf Kaiser Josephs Anregung wurde dort Mozarts „Entführung aus dem Serail" am 16. Juli 1782 zum ersten Male aufgeführt. Sein „Schauspieldirektor" wurde hingegen 1786 in der Schönbrunner Orangerie nach einem festlichen Empfang, den der Kaiser gegeben hatte, uraufgeführt.

An andere geistesgeschichtlich bedeutende Ereignisse, die in dieser Zeit in Schönbrunn stattfanden, sei nur kurz erinnert. Es sind die Begegnungen der Kaiserin mit Lessing, Winckelmann und mit Gottsched, bei dem sie sich für ihr schlechtes Deutsch entschuldigte, obwohl es viel besser war, als das Friedrichs von Preußen.

Mit Lessing sprach sie über Kunst und Wissenschaft, Literatur und Theater, Bildungs- und Unterrichtswesen und erbat sich ein Urteil über deren Entwicklung in Österreich. Es gehört zur faszinierenden Geschichte Schönbrunns, daß dort die zwei vielleicht größten deutschen Menschen des Jahrhunderts miteinander gesprochen haben, des Reiches Norden und Süden verkörpernd.

Integrierender Bestandteil jedes großen Lustschlosses war, nach französischem Vorbild, der barocke Garten. Inbegriff der vom menschlichen Geist geordneten und gestalteten Natur. Auch er hat seine Vorläufer in Italien. Der Mensch der Renaissance hatte ein neues Verhältnis zur Natur gewonnen, er bewunderte die Schalen der Meerestiere, Koralle und Erzstufe, Rhinozeroshorn und Straußenei, Elfenbein und die verschiedenen Früchte der Tropen. Er sammelte sie aber fast ausschließlich in bearbeiteter Form, meist als phantasievoll gestaltete Gefäße. Die Kunstfertigkeit des Menschen „verschönerte" die Wunderdinge der Natur, die „rohe Natur" wurde durch den Geist des Menschen veredelt. Mit Verständnis für diese Einstellung müssen wir auch den „französischen" Garten betrachten. Er ist der monumentale Ausdruck dieses Ordnungssinns, der im Barock eine umso größere Rolle spielte, als das 17. Jahrhundert das Zeitalter der großen Naturwissenschaftler war und man damals bereits glaubte, die Natur beherrschen zu können.

Im französischen Garten, dessen größter Meister Le Nôtre war, der Architekt des Parks von Versailles, sind die einzelnen Teile der Anlage durch lange, symmetrisch zu einer Hauptachse angelegte Alleen optisch miteinander verbunden. Ihren Grundriß bilden einfache geometrische Formen, als Ausdruck einer Logik, die als Grundlage von Wahrheit und Schönheit angesehen wurde. Die Schnittpunkte der Alleen werden durch Bassins mit Figuren oder Fontänen, die Endpunkte durch Bauwerke oder Statuen hervorgehoben.

Das dem Erdboden entspringende Wasser ist der Gartenarchitektur in stehendem und bewegtem Zustand eingefügt. Schon Raffael hat im Garten der Villa Madama das Gefälle für Kaskaden ausgenutzt. Das barocke Rom schuf dann die berühmten Brunnenanlagen, die vorbildlich wurden. In vielen Barockgärten gab es schiffbare Kanäle und Becken, die Schauplatz großartiger oder auch skurriler Feste waren, wie Wasserkarussells, von Musik begleitete Seeschlachten, Darstellungen lebender Bilder auf schwimmenden Inseln, dies alles auch des Nachts noch gesteigert durch Feuerwerke.

In Schönbrunn war für solche Feste eine Verbindung der beiden Glorietteteiche durch einen Kanal vorgesehen, der unter den Kollonaden der Gloriette durchgeführt hätte. Für die Versorgung der Wasserkünste mußten eigens Zuleitungen gebaut werden, die das Problem aber bis heute nicht befriedigend gelöst haben, weshalb auch die Wasserspiele des Neptunbrunnens nur selten in Betrieb zu sehen sind.

Den ersten Garten hat, wie erwähnt, Jean Trehet sicherlich im Einklang mit Johann Bernhard Fischer von Erlach noch zu Beginn des 18. Jahrhunderts angelegt. Um französische Gärten zu studieren, unterbrach er seine Tätigkeit und verbrachte sieben Monate in Paris. Von dieser Reise brachte er 1000 junge Bäume und das Modell einer Wassermaschine mit.

Gleichzeitig mit dem Umbau des Schlosses durch Pacassi begann man die relativ kleine Gartenanlage, hinter der der Wald wie eine Kulisse stand, zu vergrößern und so zu gestalten, wie sie uns Bellotto zeigt. Später ist sie wesentlich vergrößert und erweitert, aber im 19. Jahrhundert glücklicherweise nicht mehr verändert worden. Daher können wir in Schönbrunn heute noch den stärksten Eindruck von jenen Baumkulissen erhalten, die in der von Goethe begründeten literarischen Epoche so heftig bekämpft wurden und fast überall durch die sentimentale Verwilderung des „Englischen Gartens" ersetzt worden sind.

Die dunkelgrünen, von Kanten begrenzten Wände haben etwas vom Großartigen einer Tempelarchitektur und doch spürt man, daß sie aus lebenden Pflanzen bestehen.

Vier große Alleen durchziehen den Park und teilen auch das Blumenparkett in rechteckige Beete, die durch die Mittelachse nochmals geteilt werden, welche vom Schloß zum Neptunbrunnen führt, der allerdings als letzter Hauptakzent im Gartenprogramm erst 1781 vollendet worden ist. An anderen markanten Punkten, nämlich den Kreuzungen der mittleren oder „Linden"-Allee mit den Diagonalen, die nach rechts zur Menagerie und nach links zur Obelisken-Kaskade führen, wurden Anfang der siebziger Jahre Bassins errichtet, in deren Wasser sich die bekannten marmornen Najaden Wilhelm Beyers spiegeln. Der Bau des Gartens zog sich also über Jahrzehnte hin.

Joseph II. war inzwischen, nach dem Tode seines Vaters, Römisch-Deutscher Kaiser und Mitregent seiner Mutter in Österreich geworden. Er liebte weder höfischen Prunk noch Schönheit ohne Zweck und Nutzen. Das wußte seine Mutter nur allzugut, denn sie schreibt 1773 an ihre Tochter Marie Antoinette nach Paris: „Ich begreife, daß Du Dir die Veränderungen an dem Schönbrunner Berge nicht vorstellen kannst. Sie existieren auch nur auf dem Papier und werden niemals ausgeführt werden. Du weißt, der Kaiser liebt Schönbrunn nicht, und in meinem Alter wäre es lächerlich, ein solches Werk zu beginnen. Bis jetzt ist auf dem Berge gar nichts, kein Gebäude, ich habe nur oben ein großes Reservoir anlegen lassen, um gegenüber vom Hause, am Ende des Parterres, einen Springbrunnen zu haben. Ich hoffe, daß er in zwei Jahren spielen wird; das Parterre denke ich mit Statuen auszuschmücken."

Die Kaiserin schlug diesen resignierenden Ton offenbar nur kurze Zeit an. In Wahrheit war ihr der Ausbau des Schloßparks sehr wichtig, und er wurde in den folgenden Jahren so fortgeführt, daß auch der junge Kaiser sich dafür erwärmen konnte. Ihm waren ja der Botanische Garten und die Menagerie durchaus wichtig, da sie belehrende und erzieherische Aufgaben erfüllen konnten. Den Schönbrunner Park durfte darum seit 1779 jedermann betreten, ebenso den Augarten. Was in anderen Städten erst spätere Revolutionen ermöglichten, war den Wienern seit Kaiser Josephs Zeiten selbstverständlich. Die höfische Gesellschaft hingegen war nicht allzusehr davon angetan, daß sie nicht mehr unter sich sein konnte. Ihren Klagen entgegnete der Kaiser, daß er, wollte er nur unter seinesgleichen sein, sich in der Kapuzinergruft aufhalten müßte. Mit dem Park war auch die Menagerie allgemein und kostenlos zugänglich, und den Wienern ist sie von Kindesbeinen an von allen Teilen Schönbrunns am vertrautesten.

Die Einstellung Kaiser Josephs II. ist nicht nur bezeichnend für seinen Geist und Charakter, sondern typisch für sein Zeitalter. Die von Frankreich ausgehende philosophisch-pädagogische Bewegung der Aufklärung erkannte, daß in den reichhaltigen Sammlungen der Fürstenhäuser und Klöster ein bedeutender Teil des kulturellen Erbes Europas bewahrt worden war, das geistiges Gut aller Menschen war oder werden sollte und daher allen zugänglich sein mußte. Von aufgeklärten Fürsten wurden die Sammlungen deshalb zu Lehrzwecken an neugegründete Schulen oder Akademien gestiftet. Dem enzyklopädischen Bildungsideal entsprechend waren solchen Anstalten Apothekergarten, Feigen- oder Orangenhaus und ein Tiergarten angeschlossen. Ebenso wurden Sammlungen von Maschinen, Modellen und Werkzeugen angelegt, die dem Studierenden Anschauungsmaterial bieten sollten. Alle diese Bestrebungen hatten schon im Reformprogramm Maria Theresias einen festen Platz; später hat sie auch die bedeutenden naturwissenschaftlichen Sammlungen ihres Gatten dem Staat übereignet. Im Konzept dieser Sammlungen Kaiser Franz Stephans spielte der naturwissenschaftliche Teil des Schönbrunner Parks eine wichtige Rolle. Einer der gelehrten Kustoden seiner Sammlungen war der Botaniker Nicolaus Joseph von Jacquin (1727–1817), der in den Jahren 1755–59 eine Expedition nach Südamerika und Westindien unternahm, deren Ergebnisse dem Botanischen Garten und der Menagerie von Schönbrunn ebenso zugute kamen wie den Sammlungen. Jacquin stammte aus Leiden, war also Niederländer wie der kaiserliche Leibarzt Gerhard van Swieten. Beide empfahlen dem Kaiser den holländischen Gärtner Adrian van Steckhoven für die Neugestaltung des Schönbrunner Gartens. Ihm zur Seite stand Richard van der Schot aus Delft. Holland war in Blumenzucht und Handel seit dem 17. Jahrhundert führend in Europa. Schließlich hat das Linnésche System der Pflanzen ebenfalls von Holland aus seinen wissenschaftlichen Siegeszug angetreten. Kein Wunder, daß die Schönbrunner Pflanzenkultur „Holländischer Garten“ genannt wurde.

Auch in den folgenden Jahrzehnten haben die leitenden Gärtner und Menageriedirektoren ausgedehnte und oft wechselvolle Sammel- und Studienreisen unternommen. Konsequenterweise wurde das kultivierte Terrain ausgedehnt, wurden auch neue Treibhäuser gebaut – als „Kinderstube und Spital des Holländischen Gartens“ bezeichnet! Durch Zukauf brachliegender Grundstücke wurde das Schönbrunner Areal mehrmals gegen Westen und Süden erweitert und der naturwissenschaftliche Teil innerhalb seiner Mauern vergrößert. So nimmt heute der Tiergarten den ganzen ehemaligen kleinen Fasangarten ein. In den Jahren 1751/52 waren nach den Plänen Jean Nicolas Jadots in der Südwestecke des Parks in Kreisform rund um einen achteckigen Pavillon dreizehn Tierhäuser oder Tierlogen erbaut worden. Vor ihnen lagen Ausläufe mit Bassins, durch hohe Mauern voneinander getrennt, mit Bäumen bepflanzt und gegen den Pavillon durch ein Gitter abgeschlossen.

Dieses Kernstück des historisch so bedeutsamen Tiergartens besteht heute noch.

Zum ersten Bestand zählten noch Tiere aus der weltberühmten Menagerie des Prinzen Eugen, die nach dessen Tod (1736) aufgelöst worden war. Weitere Tiere erwarb man damals durch Expeditionen, aber

auch von wandernden Menagerien und als diplomatische Geschenke. Während die erste Giraffe 1799 von Georg Scholl aus Südafrika nach Schönbrunn gebracht wurde, kam die zweite 1828 als Geschenk des Vizekönigs von Ägypten.
Das naturwissenschaftlich-technische Interesse Kaiser Franz Stephans vererbte sich auf zahlreiche seiner Nachkommen. Sein Sohn Joseph II. erweiterte 1788 den Holländischen Garten durch ein Arboretum auf dem Gelände hinter der Hietzinger Pfarrkirche. Dort wurden seltene Bäume angepflanzt, die in vereinzelten ehrwürdigen Exemplaren noch existieren. Besonders ausgeprägt war die lothringische Neigung für Naturkunde bei den Neffen Josephs, dem späteren Kaiser Franz II. und bei dem „steirischen" Erzherzog Johann.
Von den zahlreichen neuen Anlagen, die im Laufe der Jahrzehnte entstanden, sei eine systematische Anpflanzung von 400 Pflanzen genannt, die nach dem Linnéschen System in Gattungen, Arten und Unterarten nach einem Konzept Jacquins angelegt war, und ein „Alpinum" im Tirolergarten. Beide dienten zum botanischen Unterricht und zur Anleitung in der Pflege eines Gartens für die Erzherzöge, aber auch zum Selbstunterricht für die Allgemeinheit. Ein Gemälde von Carl von Sales, den Herzog von Reichstadt als Gärtner darstellend, erinnert daran, daß auch der Sohn Napoleons, als er in Schönbrunn aufwuchs, zu dieser Betätigung angehalten wurde und damit einer habsburg-lothringischen Familientradition folgend erzogen wurde.
In der zweiten Hälfte des 18. Jahrhunderts tritt neben dem praktischen und wissenschaftlichen Interesse an der Natur ein sentimentales Naturgefühl in Erscheinung. Wie schon erwähnt, wurde der Schönbrunner Park glücklicherweise nicht in einen englischen umgestaltet. Kaiser Franz II. ließ eine großartige Anlage dieser Art vielmehr in Schloß Laxenburg anlegen.
Der Schönbrunner Park überlebte die ihm ungünstig gesinnte romantische Epoche und wurde in der zweiten Hälfte des 19. Jahrhunderts nach jahrelanger Vernachlässigung wieder stilgerecht erneuert und gepflegt. Bezeichnenderweise für das Zeitalter des Historismus war dies nicht nur Verdienst eines Gartendirektors, sondern auch eines Kunsthistorikers. Letztlich war es aber doch Kaiser Franz Joseph I., der für die Erhaltung von Schloß und Park Sorge trug. Er wählte Schönbrunn wieder als ständige Residenz während der warmen Jahreszeit. Dort, wo er geboren war, verbrachte er einen Großteil seines Lebens, dort hat er regiert – zuletzt als der „Einsiedler" von Schönbrunn.
Die historische Rolle des Schlosses schien ausgespielt, als am Abend des 21. November 1916 Kaiser Franz Joseph I. die Augen schloß. Mehr als zwei Jahre hatte er Schloß und Park nicht mehr verlassen. Eines war ihm doch erspart geblieben: das Ende des großen und mächtigen Reiches zu erleben, dem sein Herz gehört hatte.
Mit ihm ging ein Völkerstaat dahin, dem seine Vielfalt und Buntheit zum Verhängnis geworden war. In Schönbrunn gingen die Lichter aus; es wurde zum Museum, zum Denkmal. Zunächst zu keinem verklärten oder bewunderten Monument. Zu frisch blieb selbst bei den zutiefst Enttäuschten die Erinnerung daran, daß Schönbrunn zum Inbegriff einer phantasielosen, erstarrten Politik geworden war, die keinen Weg aus jener Krise zu finden wußte, die zur Katastrophe geführt hatte. Zwar erkannte Kaiser Franz Joseph sehr wohl, was auf dem Spiele stand, aber er war von der Unvermeidbarkeit des Geschehens überzeugt, während Militärs und Politiker den Krieg frivol in Kauf nahmen, um der vielen Probleme, von denen die „österreichische Frage" gekennzeichnet war, mit einem Schlag Herr zu werden. Der greise Monarch hatte seine ganze Generation überlebt, ohne persönliche Verbindung zu seiner Umgebung stand er isoliert an der Spitze eines Staates, den er nach seinen eigenen Worten für „eine Anomalie in der heutigen Welt" hielt. Allein war er allerdings schon Jahrzehnte gewesen, weil er seine engsten Familienmitglieder nicht verstand oder nicht verstehen wollte; nicht seinen ehrgeizigen, romantisch veranlagten Bruder Ferdinand Max (den Kaiser von Mexiko), nicht seine wunderschöne, aber exzentrische Gemahlin Elisabeth, nicht seinen von Wünschen und Plänen hin und her gerissenen

Sohn Rudolf. In den letzten Friedensjahren der Monarchie, die entscheidend hätten sein können, hat er auch mit seinem Neffen und Thronfolger Franz Ferdinand keine Übereinstimmung erreicht oder auch nur angestrebt. Dieser versuchte vom Schloß Belvedere aus gegen den alten Kaiser in Schönbrunn anzukämpfen und Einfluß zu gewinnen. Dazu bediente er sich der sogenannten kleinen Militärkanzlei als einer Art Schattenkabinett. Schönbrunn und Belvedere, diese beiden Juwele der österreichischen Baukunst wurden zu politischen Schlagworten, ja Schimpfworten, und dieses Odium haftete sowohl dem einen wie dem anderen nach der Katastrophe von 1918 noch an. Erst langsam trat das Bild des heiteren Schönbrunn wieder hervor, eines Denkmals hoher Kultur, eines Schauplatzes der Geschichte. Schönbrunn trägt heute seinen Namen wieder mit dem Stolz des Unverwechselbaren, des Einzigartigen.

Escorial, Versailles, Schönbrunn. Können Spanien und Frankreich durch einen Namen gleichsam gebannt werden, müssen für das vielgestaltige, vielstämmige Deutschland wenigstens noch Potsdam und Nymphenburg genannt werden. Doch Schönbrunn ist mehr als diese, ist Sommerresidenz des Reichsoberhauptes, erdacht und erbaut im Zeitalter letzter kaiserlicher Machtentfaltung und letzter Blüte des alten Deutschen Reiches, ist dann Lieblingsplatz jener Herrscherin, die den österreichischen Staat geschaffen und glücklicherweise entscheidend geprägt hat.

Schönbrunn ist der Inbegriff jenes österreichischen Barock, den Wilhelm Hausenstein mit einer Strömung verglichen hat, deren Sinn und Bestimmung es war, in jenem „mütterlichen Delta“ zu münden, in Maria Theresia.

Schönbrunn verkörpert die eigenartige Mischung von Festlichkeit und Intimität, von Urbanität und Ländlichkeit, die wohlmeinenderweise auch als Charakteristikum für die Wiener Lebensart bezeichnet wurde. Schönbrunn ist der anmutige Ruhepunkt in der Erinnerung des eilenden Besuchers, an den sich seine Gedanken an Wien, an Österreich knüpfen. Von diesem Schloß ausgehend durchwandert er Geschichte, Kunst, Musik und Wort der Stadt, des Landes.

Schönbrunn ist eines der großen Gesamtkunstwerke des Barock, sein Name hat aber auch in der politischen Geschichte seinen festen Platz. Kunst und Macht verbinden sich in ihm zu einem Begriff, wie dies sonst nur noch für Versailles gilt.

Schönbrunn allein kann neben diesem, alle anderen europäischen Fürstenresidenzen prägenden und sie überstrahlenden Bourbonenschloß bestehen, weil seine habsburgischen Bauherren sich in Politik und Kunst immer neben und gegen Frankreich behaupten konnten. Aus der historischen und musischen Kraft Österreichs, des Hauses und des Landes gleichen Namens, ist Schönbrunn erwachsen.

I VII VIII IX X XI XII I II III IV V VI

Bernardo Bellotto 1759/60: Ansicht der Hofseite des Schlosses Schönbrunn
View of the courtyard of Schönbrunn Palace

Bernardo Bellotto 1759/60: vue du château de Schönbrunn du côté cour
Veduta del castello di Schönbrunn dalla parte del cortile

Die Familie Kaiser Franz I. und Maria Theresias, 1754/55
The family of Emperor Franz I's and Maria Theresia's
La famille de l'empereur François Ier et de Marie-Thérèse
La famiglia dell'imperatore Francesco I e di Maria Teresa

Das Frühstückszimmer
The Breakfast Room
La salle du petit déjeuner
Stanza della prima colazione

Theateraufführungen in Schönbrunn mit Kindern Maria Theresias in verschiedenen Rollen
Theater performances at Schönbrunn, with Maria Theresia's children in different roles
Représentations théâtrales à Schönbrunn avec les enfants de Marie-Thérèse dans différents rôles
Rappresentazioni teatrali a Schönbrunn: alcuni figli di Maria Teresa si producono in una parte

Erzherzogin Maria Theresia im Alter von 10 Jahren
Archduchess Maria Theresia at the age of ten
L'archiduchesse Marie-Thérèse à l'âge de 10 ans
L'arciduchessa Maria Teresa all'età di 10 anni

Peter Leopold
– Karl Joseph

Maria Christine –
Peter Leopold

Maria Josepha
– Maria Antoinette

Schönbrunner Doppelbildnisse
Schönbrunn double-portraits
Les portraits doubles de Schönbrunn
Ritratti «doppi» di Schönbrunn

Maria Christine

Maria Anna

Maria Antoinette

Nikolausbescherung in der kaiserlichen Familie, um 1760. Oben: Die Kleine Galerie
The imperial family's celebration of St. Nicholas' Eve, about 1760. Above: The Small Gallery
La fête de la Saint-Nicolas dans la famille impériale, vers 1760. Ci-dessus: la Petite Galerie
La festa di San Nicolò presso la famiglia imperiale, intorno al 1760. In alto: la piccola galleria

„Hermoso“

„Excellente“

Bilder aus dem Rösselzimmer
Paintings from the "Rössel" Room

„General"

„Philosopho"

Tableaux du salon des Chevaux
Dipinti che si trovano nella stanza dei cavalli

Das Spiegelzimmer
The Mirror Room
La salle des Glaces
La stanza degli specchi

Maria Theresia bei der Verleihung des St.-Stephans-Ordens und beim Damenkarussell in der Wiener Hofburg
Maria Theresia awarding the Order of St. Stephan and at the ladies' carousel in the Vienna Hofburg
Maria-Thérèse au cours de la cérémonie de la remise de l'ordre de Saint-Etienne et prenant part au carrousel de dames à la Hofbourg de Vienne
Maria Teresa, mentre conferisce l'ordine di Santo Stefano e prende parte a una manifestazione equestre riservata alle signore, nella Hofburg di Vienna

Prinzengalawagen und Imperialwagen mit dazugehörigem Gespann
"Prinzengalawagen" and "Imperialwagen" with equipage
Les carrosses princiers de gala et le carrosse impérial avec son attelage
Carrozza di gala principesca e imperiale con relativi tiri di cavalli

Die Große Galerie, Kaiserin Maria Theresia und der von ihr gestiftete Verdienstorden
The Great Gallery, Empress Maria Theresia, and the military decoration she founded
La Grande Galerie, l'impératrice Marie-Thérèse et l'ordre du mérite qu'elle a créé
La grande galleria, l'imperatrice Maria Teresa e l'ordine al merito da lei creato

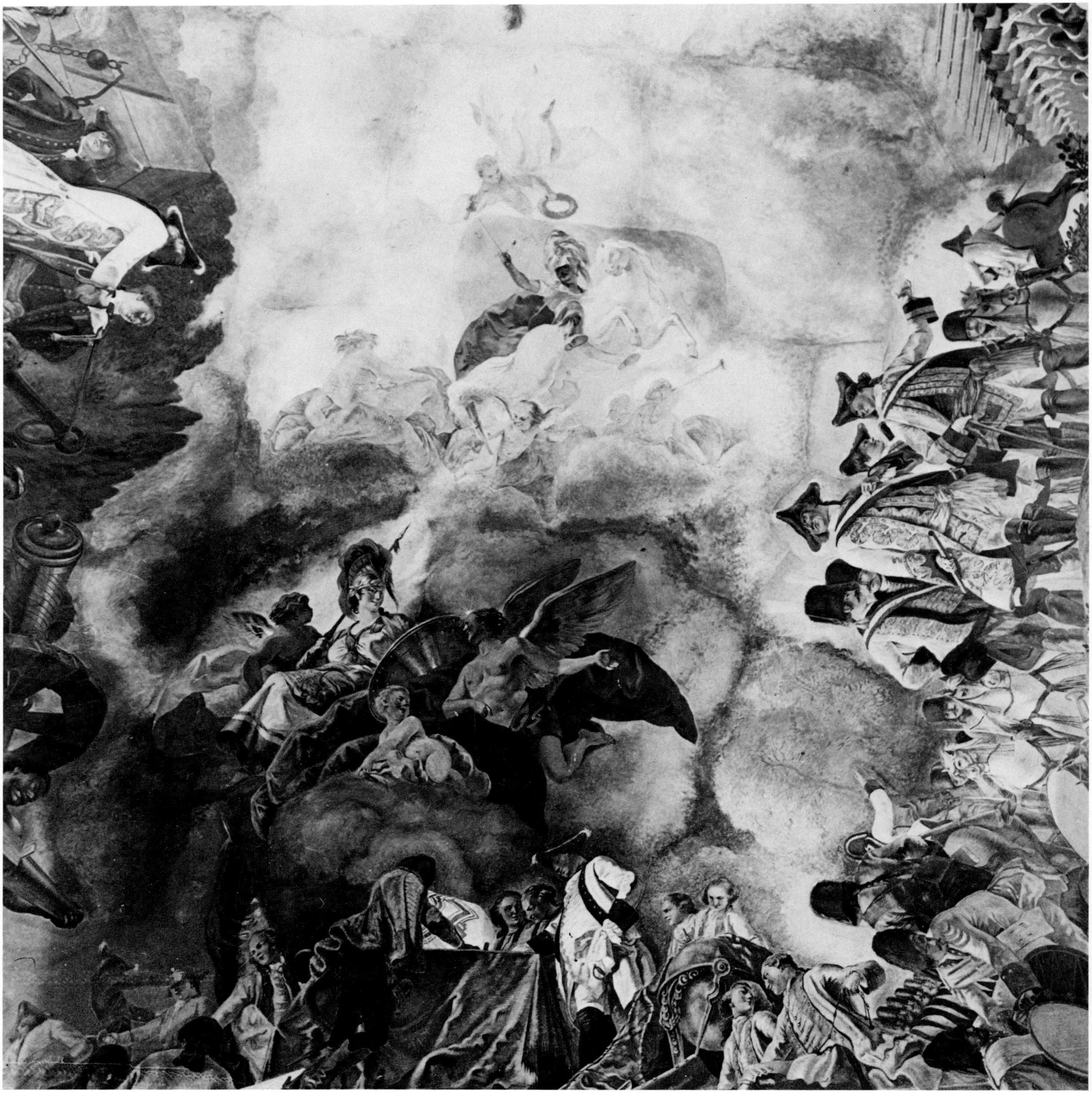

Deckenfresko in der Großen Galerie mit Szenen aus dem Siebenjährigen Krieg
The ceiling fresco in the Great Gallery, with scenes from the Seven Years War
Fresque du plafond de la Grande Galerie avec des scènes de la guerre de Sept ans
Affreschi del soffitto della Grande galleria con scene che rappresentano la guerra dei sette anni

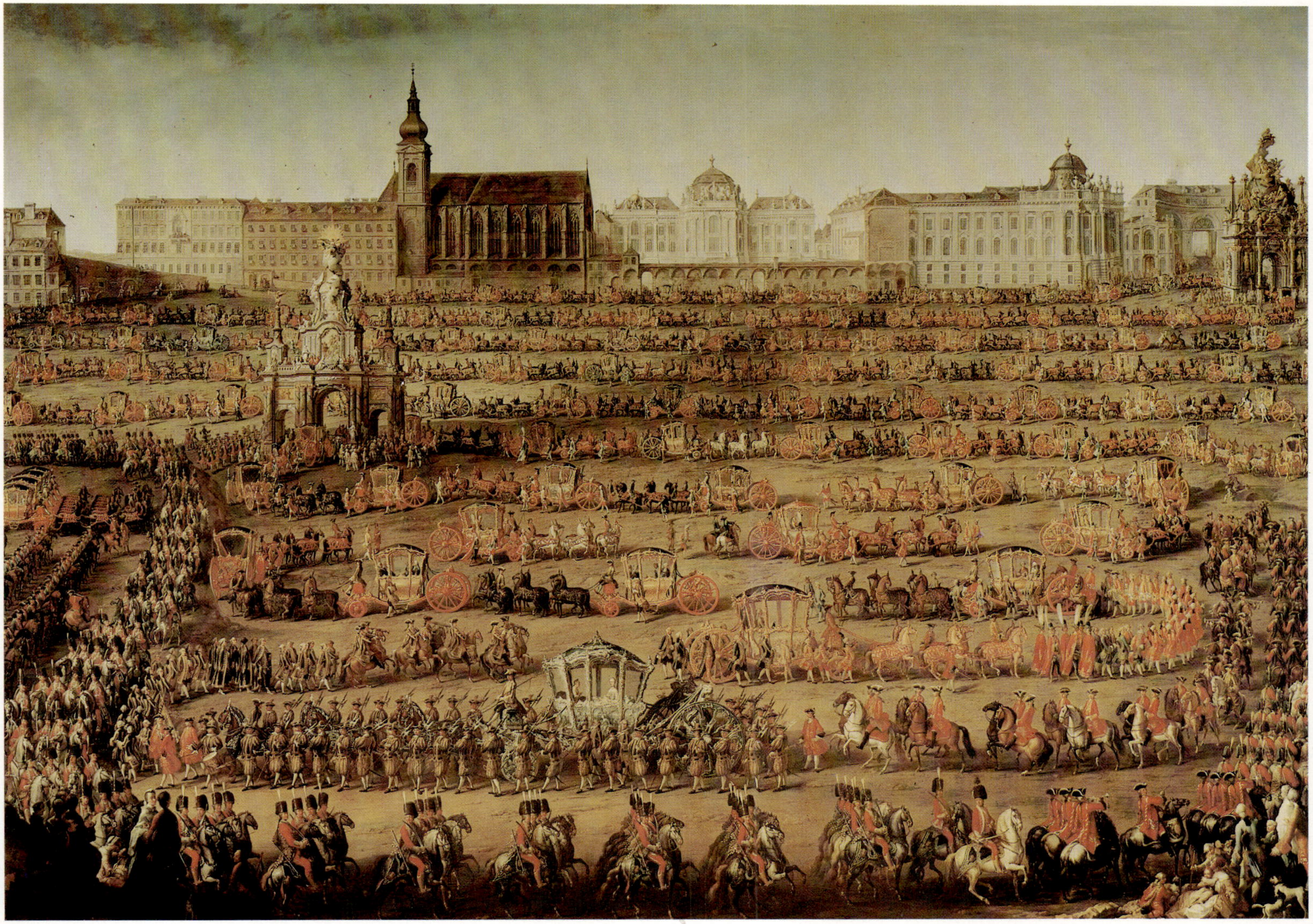

Öffentlicher Einzug der Prinzessin Isabella v. Parma als Braut des Erzherzogs Josephs II. in Wien 1760
The public procession in Vienna of Princess Isabelle of Parma as the bride of Archduke Joseph II's. in 1760
Entrée solennelle de la princesse Isabelle de Parme comme fiancée de l'archiduc Joseph II, à Vienne en 1760
Ingresso ufficiale a Vienna della principessa Isabella di Parma, sposa dell'arciduca Giuseppe II (1760)

Stuck und Skulpturen im Inneren der Gloriette
Stucco and sculptures inside the Gloriette
Stucs et sculptures de l'intérieur de la Gloriette
Lavori in stucco e sculture all'interno della Gloriette

Stukkaturen in den beiden Galerien
Stucco-work in both Galleries
Stucs dans les deux galeries
Stucchi in entrambe le Gallerie

Blick auf die Gloriette
View of the Gloriette
Vue sur la Gloriette
Vista sulla Gloriette

49–51: Das Runde Chinesische Zimmer
The Round Chinese Room
Le cabinet chinois rond
La stanza cinese rotonda

Das Vieux-Laque-Zimmer
The "Vieux-Laque" Room
Le salon Vieux-Laque
La stanza vieux-laque

Maria Ludovica v. Toskana mit ihren Kindern, um 1770. Großherzog Peter Leopold v. Toskana und sein Bruder, Kaiser Joseph II., 1769
Maria Ludovica of Tuscany with her children, about 1770. Grand Duke Peter Leopold of Tuscany and his brother, Emperor Joseph II, 1769
Maria Ludovica de Toscane avec ses enfants, vers 1770. Le grand-duc Pierre-Leopold de Toscane et son frère, l'empereur Joseph II, 1769
Maria Ludovica di Toscana con i figli intorno al 1770. Il granduca Pietro Leopoldo di Toscana e suo fratello, l'imperatore Giuseppe II (1769)

Das Millionenzimmer
The Millions Room
Le salon des Millions
La stanza dei milioni

Blauer oder Chinesischer Salon
The Blue or Chinese Drawing-Room
Le salon bleu ou salon chinois
Salone azzurro o cinese

Das Porzellanzimmer
The Porcelain Room
Le salon des Porcelaines
La stanza delle porcellane

Details aus dem Porzellanzimmer und Gartenpavillons
Details from the Porcelain Room and garden pavillions
Détails du salon des Porcelaines et des pavillons du jardin
Particolari della stanza delle porcellane e dei padiglioni del giardino

Details aus den Rosa-Zimmern und dem Gobelinsalon. Blick vom Neptunbrunnen zum Schloß
Details from the "Rosa" Rooms and the "Gobelin" Drawing-Room. View of the palace from the Neptune Fountain
Détails des salons de Rosa et du salon des Gobelins. Vue du bassin de Neptune sur le château
Particolari delle stanze di Rosa e del Salone degli arazzi. Vista del castello dalla fontana di Nettuno

Das Große Rosa-Zimmer
The Large "Rosa" Room
Le grand salon de Rosa
La grande stanza di Rosa

Der Gobelinsalon
The "Gobelin" Drawing-Room
Le salon des Gobelins
Il salone degli arazzi

Bernardo Bellotto: Gartenseite um 1760; das Palmenhaus, Wandmalerei Johann Bergls. Oben: Kammergarten
Bernardo Bellotto: Garden facade, about 1760; the "Palmenhaus", Wall murals by Johann Bergl. Above: Kammergarten
Bernardo Bellotto: le côté jardin vers 1760; la serre des palmiers, peinture murale de Johann Bergl. Ci-dessus le jardin de la Cour
Bernardo Bellotto: la parte verso il giardino intorno al 1760; serra di palme, affresco di Giovanni Bergl. In alto: il giardino imperiale

Park und Römische Ruine
The park and the Roman ruins

Le parc et la ruine Romaine
Parco e rovine romane

IOSEPHO II. AVGVSTO
ET
MARIA THERESIA AVGVSTA
IMPERANTIB.
ERECT. CIϽIϽCCLXXV.

Gloriette

Wandmalereien in den Berglzimmern. Rechts: Botanische Illustrationen Jacquins
Wall murals in the "Bergl" Rooms. To the right: Jacquin's botanical illustrations

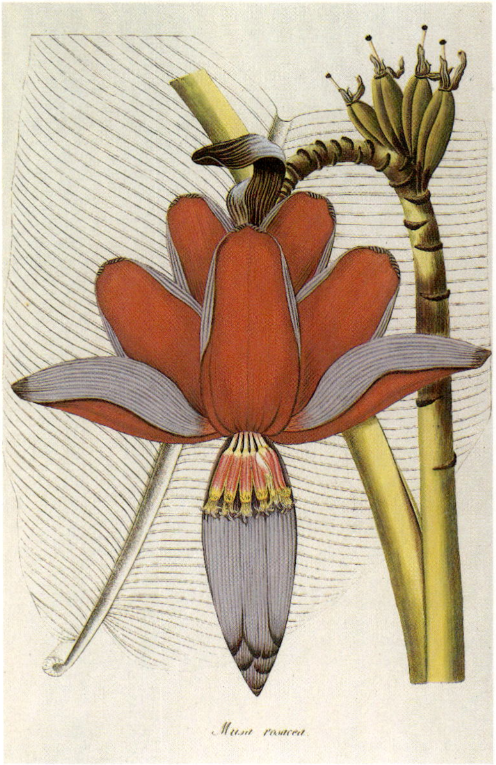


Peintures murales dans les salles de Bergl. À droite: illustrations botaniques de Jacquin
Affreschi delle stanze di Bergl. A destra: illustrazioni botaniche di Jacquin

Johann Georg von Hamilton

Franz Fuxeder

Kaiser Franz I. und die Kaiserin Maria Theresia bei der Gartenarbeit
Emperor Franz I and Empress Maria Theresia in the garden
L'empereur François Ier et l'impératrice Marie-Thérèse jardinent
L'imperatore Francesco I e l'imperatrice Maria Teresa mentre si occupano di giardinaggio

Der Kammergarten
The Kammergarten
Le jardin de la Cour
Il giardino imperiale

Roman Anton Boos, 1780: Plan der Gesamtanlage
Layout of the palace and surroundings
Plan du château et du parc
Progetto generale

Brunnengruppe im Ehrenhof
Fountain statuary in the courtyard
Sculptures du bassin de la cour d'Honneur
Gruppo scultoreo per la fontana del cortile d'onore

Das Napoleon-Zimmer
The Napoleon Room
La chambre de Napoleon
La stanza di Napoleone

Oben: Der Herzog von Reichstadt, Sohn Napoleons I., und sein Kinderwagen
Above: The Duke von Reichstadt, Napoleon I's son, and his baby carriage
Ci-dessus: le duc de Reichstadt, fils de Napoléon Ier et sa voiture d'enfant
In alto: il duca di Reichstadt, figlio di Napoleone I, e la sua carrozzella

Napoleon I.

Maria Luise

Franz Joseph I., 1848. Elisabeth, 1863

Die österreichischen Insignien
The Austrian insignias
Les insignes autrichiens
Insegne austriaci

Das Hundertjahr-Jubiläum des Maria-Theresien-Ordens 1857. Der Kaiser auf der Schloßtreppe. Nächste Seite: Festbankett
The centennial of the founding of the Order of Maria Theresia in 1857: The emperor on the palace stairway. Next page: Festival banquet
Le centenaire de l'ordre de Marie-Thérèse 1857: l'empereur sur l'escalier du château. Sur la page suivante: banquet
Centenario della fondazione dell'ordine di Maria Teresa (1857): L'imperatore sullo scalone del castello. Pagina seguente: banchetto

Wohn- und Arbeitsräume Kaiser Franz Joseph I.
The living-room and study of Emperor Franz Joseph I's
Appartements de l'empereur François-Joseph
Locali adibiti ad uso di studio e di abitazione dell'imperatore Francesco Giuseppe I

*ERLÄUTERUNGEN*
*COMMENTARIES*
*COMMENTAIRES*
*DESCRIZIONI*

## 6, 7, 25 Die Gartenfassade des Schlosses

Die heutige Gestalt der Gartenfassade geht auf die Erneuerung des Daches und der Ballustraden sowie die Vereinfachung und Begradigung der Fassade im klassizistischen Geschmack nach Plänen des Architekten Johann Aman zurück. Seine nicht sehr gelungenen Veränderungen aus den Jahren 1817–1819 sind besonders an der Gartenseite bemerkbar, was bei einem Vergleich des heutigen Zustands mit dem Gemälde Bellottos (Seite 68) deutlich wird. Besonders auffällig ist die strenge Führung des kantigen Hauptgesimses, das im Gegensatz zu den von Pacassi hoch angelegten Rundungen steht, die eine Steigerung der Fassade zur Mitte hin bewirkten. Dennoch strahlt die Gartenfassade weltweite Macht und fröhliche Gelassenheit, zugleich Intimität und Urbanität aus.
In der Mitte erhebt sich der Baukörper über die Höhe des übrigen Gebäudes in Gestalt eines sogenannten Belvederes. Es wird auf der Gartenseite seit etwa 1819 von Doppeladler und Kriegstrophäen bekrönt, Symbol des siegreichen Kaisertums. Darunter befindet sich die sogenannte Vogeluhr, die anstelle einer älteren runden Uhr hier eingebaut wurde.

## 9 Reiterstatuetten Kaiser Leopolds I. und Josephs (I.)

Für die Residenzstadt Wien und die österreichischen Erbländer bedeutete die lange Regierungszeit Kaiser Leopolds I. (1658–1705) eine Kette von Verteidigungskriegen gegen die Türken, von Kämpfen gegen ungarische und siebenbürgische Aufständische und von Reichskriegen gegen Frankreich, das auch in den Konflikten an der Ostgrenze die Gegner des Kaisers unterstützte. Im Jahr 1683 endete die Türkenbelagerung Wiens fast mit einer Katastrophe, dennoch wendete sich das Blatt. Das österreichische „Heldenzeitalter" begann.
Von Matthias Steinle, einem der bedeutendsten und vielseitigsten Künstler der Zeit, ist Kaiser Leopold I. als Türkensieger in der großartigen Pose eines Reiters auf dem Schlachtfeld dargestellt worden. In dem „Stilleben" türkischer Waffen unter den Hufen des Pferdes liegt ein kleiner gallischer Hahn, Anspielung auf den versteckten Verlierer im Türkenkrieg: Ludwig XIV. Die Elfenbeinstatuette ist nur etwa 70 cm hoch, also ein Denkmal en miniature, eigentlich ein Sammlungsgegenstand für die Kunstkammer. Steinle schuf sie wahrscheinlich 1688 und wurde daraufhin zum kaiserlichen Kammerbeinschneider ernannt. Im Jahre 1693 setzte er seinen Namen und das Entstehungsjahr an die zweite Statuette, die den jugendlich anmutigen Joseph darstellt, der bereits Römischer König und König von Ungarn war. Beide Werke suchen an Virtuosität in der Behandlung des spröden Materials ihresgleichen und sind zudem meisterhaft in der Charakterisierung der beiden Herrscher.

## 10 Erster Entwurf für das kaiserliche Lustschloß Schönbrunn, ca. 1693

Johann Bernhard Fischer von Erlach (1656–1723) hat im Jahre 1721, als der „große alte Mann" der deutschen Architektur, einen Band mit großen Kupferstichen publiziert, den er „Entwurf einer historischen Architektur" nannte. In diesem Werk gibt Fischer einen Überblick über die Baukunst seit der Antike, mit Rekonstruktionen der frühesten Großbauten der Menschheit, und stellt zuletzt seine eigenen Werke dar. Zu diesen zählt er auch das erste, nicht ausgeführte Projekt für Schönbrunn, das er in der Bildunterschrift „Venérie Imperiale" nennt, also kaiserliches Jagdhaus: Zu dem riesigen Lustschloß auf der Anhöhe des Schönbrunner Berges führen kunstvoll angelegte Rampen hinauf, die von sechsspännigen Karossen befahren werden konnten. Im Vordergrund reicht ein großer Fest- und Turnierplatz mit einem prächtigen Zelt für den Kaiser und seine Gäste bis an das breite Tor, das von Säulen flankiert ist. Sie tragen schon Adler, wie sie heute die Obelisken zu beiden Seiten des Tores krönen; am zweiten Entwurf fehlen sie hingegen.

## 11 Zweiter Entwurf für das kaiserliche Lustschloß Schönbrunn, ca. 1696

Das phantasievolle, ja phantastische Projekt weicht der Realität. Im wahrsten Sinne des Wortes hat Fischer von Erlach das Schloß von der Höhe heruntergeholt. Die Ansicht der Ehrenhofseite und der ebenfalls publizierte Grundriß (Seite 118) lassen alle Einzelheiten des Planes erkennen, der 1696 von Kaiser Joseph I., damals noch Römischer König, als Grundlage des Baues akzeptiert wurde. Zwar wurde auch dieser Plan nur teilweise in der ersten Bauphase bis um 1700 verwirklicht und unter Maria Theresia wesentlich verändert, aber die Anordnung der Baublöcke, die Anlage des Ehrenhofes, sogar der Standort der Gloriette sind schon von Fischer von Erlach bestimmt worden.

## 26–27 Ansicht der Hofseite des Schlosses Schönbrunn, um 1759/60

Der Venezianer Bernardo Bellotto (1721–1780) hatte bei seinem Onkel Antonio Canal die Vedutenmalerei erlernt, jene Kunst, die eine sachlich getreue Wiedergabe einer Stadt oder Landschaft mit der Forderung nach bildmäßiger Gestaltung verbindet. Wie sein Onkel nannte auch er sich Canaletto, trat aber nur kurze Zeit in dessen Fußstapfen und verließ 1747 Italien für immer. Er wirkte fast zwei Jahrzehnte in Dresden, dann von 1767 bis zu seinem Lebensende in Warschau. In den Jahren 1759 und 1760, während die Preußen seine zweite Heimat Dresden belagerten und bombardierten, arbeitete er in Wien, und zwar hauptsächlich für den Kaiserhof. Die damals entstandenen Ansichten der Stadt und der Schlösser zeigen in erster Linie Plätze, Gebäude und Anlagen, die während der gerade vergangenen Jahrhunderthälfte entstanden waren. Es war also das „moderne Wien" von 1760, das Bellotto getreulich festhielt, und da durfte Schönbrunn nicht fehlen!
Der Maler hat den großen Ehrenhof des Schlosses von Menschen belebt dargestellt. Seine „Staffagefiguren" sind sehr oft charakteristisch für einen Platz und lebensnah erfaßt. Hier aber ist ein historisches Ereignis festgehalten, das ganz Wien in Begeisterung versetzte: Feldmarschalleutnant Laudon hatte am 12. August 1759 bei Kunersdorf östlich der Oder einen großen Sieg über Friedrich II. von Preußen errungen. In Khevenhüllers Tagebuch liest man darüber: „Den 16. (August) fuhren Ihre Majestäten um halb 11 Uhr zu den Augustinern auf der Landstraße wegen des S. Rochifestes. Bei unserer Zuruck-Kunfft ritte der Obristleutnant vom Löwensteinischen Chevauxlêgers (-Regiment) Graf Joseph Kinski . . . mit 20 Blasenden und 4 Postmeistern ein und überbrachte den Bericht des General Laudon von obbemelter Victori."

## 6, 7, 25 The Garden Facade of the Palace

The present form of the south facade can be traced not only to the renovation of the roof and balustrades, but also to the simplifying and planing of the facade in the style of classicism. The ill-conceived modifications, carried out to the designs of Johann Aman from 1817 to 1819, are especially noticeable on the side facing the garden. This becomes even more apparent when the present form is compared to that depicted in Bellotto's painting (p 68). Particularly striking is the severity of the square-edged cornice in contrast to Pacassi's rounded edges, which had shifted emphasis toward the middle of the facade. Nevertheless the garden face manages to project an aura of global potency and cheerful composure, blending intimacy and urbanity.
In the middle the so-called belvedere, or balcony, rises above the level of the rest of the building. Since about 1819 it has been crowned by a two-headed eagle and war trophies to symbolize the glorious empire. Underneath a clock that shows time horizontally, the so-called "Vogeluhr", can be found in place of the former circular clock.

## 9 The Equestrian Statuettes of the Emperors Leopold I and Joseph (I)

For imperial Vienna and the Austrian crown-lands, the long reign of Emperor Leopold I (1658–1705) was synonymous with a series of defensive wars against the Turks, the suppression of uprisings in Hungary and in Transylvania, and territorial conflicts with France – which also had been abetting the emperor's enemies on the eastern flank. The Turkish siege of Vienna in 1683 ended almost in catastrophe before the winds of fortune changed. Austria's "heroic epoch" commenced.
The imposing figure of Emperor Leopold I on horseback, shown here vanquishing the Turks on the battlefield, was conceived by one of the most important and versatile artists of that time, Matthias Steinle. The "still life" of Turkish weaponry beneath the horse's hooves includes a small Gallic cock in an allusion to the indirect loser of the Turkish wars: Louis XIV! The ivory statuette would have been more suitable for the imperial art gallery, as it is only seventy centimeters (70 cm) high – a monument "en miniature". Steinle created the figure in 1688 and subsequently was appointed Ivory Carver to the Emperor. In 1693 he signed and dated the second statuette of a youthfully charming Joseph, who was already King of Rome and King of Hungary. Both works exhibit unsurpassed mastery of the brittle, obstinate material, apart from being excellent characterizations of the two rulers.

## 10 Johann Bernhard Fischer von Erlach's First Design of the Schönbrunn Summer Palace, about 1693

As the "grand old man" of German architecture, Johann Bernhard Fischer von Erlach (1656–1723) published a volume of large copper engravings in 1721 titled, "Entwurf einer historischen Architektur." In it Fischer surveys the development of architecture since antiquity, reconstructing man's earlier accomplishments before going on to present his own schemes. Included among these is his first design for an imperial hunting-lodge, sub-titled the "Venérie Imperiale", which was never executed. Artfully arranged ramps lead to the gigantic summer palace on the crest of the rise, which were capable of supporting coaches drawn by teams of six horses. In the foreground the expansive parade- and tournament-ground, including a splendid tent for the emperor and his guests, extends all the way to the wide gateway arch flanked by columns. The latter are surmounted by eagles similar to those found today atop the obelisks on both sides of the gateway, but which are missing from the second design of the palace.

## 11 The Second Design of the Imperial Summer Palace, about 1696

This imaginative, even fantastic design abandons reality; Fischer von Erlach literally has reached into the clouds. The view of the north facade facing the parade-ground and the ground-plan he also published do include, however, all the details of the plan that was accepted in 1696 by Emperor Joseph I – at that time still King of Rome – as a basis for construction. In fact, this design was only partially carried out during the first phase of construction up to 1700 and substantially modified during the reign of Maria Theresia, but the layout of the building units and the parade-ground as well as the location of the Gloriette were determined by Fischer von Erlach.

## 26, 27 View of the Courtyard of Schönbrunn Palace, about 1759/60

The Venetian Bernardo Bellotto (1721–1780) had learned the art of painting vedutas, which combine the objective and naturalistic depiction of a city or landscape with the demands of balanced composition, from his uncle, Antonio Canal. Although he called himself Canaletto after his uncle, Bellotto followed in his uncle's footsteps only shortly before leaving Italy permanently in 1747. Thereafter he resided for almost two decades in Dresden before moving to Warsaw in 1767, where he remained until the end of his life. In the years 1759 and 1760, while the Prussians were besieging and bombarding his second home, Dresden, Bellotto came to Vienna, where he worked primarily in the service of the emperor. The views of the city and its palaces depicted during that time include, above all, the squares, buildings, and grounds that traced their origins to the last half of the preceding century. The subject of Bellotto's representations was the "modern Vienna" of 1760 – from which Schönbrunn dared not be found missing!
The artist's portrayal of the courtyard of the palace is invigorated by human life; his "staffage" figures are very often typical to a locality and naturalistically represented. In this case Bellotto has recorded an historical event that had all of Vienna at fever pitch: Lieutenant Field Marshal Laudon had won an important battle over Friedrich II of Prussia on the 12th of August 1759, near Kunersdorf. In Keevenhüller's journal one can read: "On the sixteenth (of August), at half past ten, His Majesty was driving on the Landstrasse on his way to the Brothers of Augustine for the St. Roche

## 6, 7, 25 La façade du château sur les jardins

L'aspect actuel de la façade vient de ce que le toit et les balustrades ont été refaits et la façade elle-même dépouillée et rectifiée selon les plans de l'architecte Johann Aman. Les remaniements effectués de 1817 à 1819 et qui témoignent de son peu de talent sont particulièrement perceptibles du côté jardin; on le voit dans le tableau de Bellotto (page 68). Ce qui frappe surtout, c'est la ligne sévère de la corniche principale à arête vive qui s'oppose aux parties supérieures rondes de Pacassi qui faisaient ressortir la partie centrale. Cependant, de la façade sur les jardins du château émane un air de puissance mondiale et de tranquillité joyeuse ainsi que d'intimité et d'urbanité.
L'avant-corps central est plus haut que le reste du bâtiment et forme ce qu'on appelle un belvédère. Depuis 1819, il est couronné du côté jardin par un aigle à deux têtes et de trophées guerriers, symboles d'un empire victorieux. Il surmonte une horloge à cadran horizontal (Vogeluhr) qui a remplacé une ancienne horloge ronde.

## 9 Statuettes équestres de l'Empereur Leopold Ier et de Joseph(Ier)

Pour Vienne et les états héréditaires autrichiens, le long règne de Leopold Ier (1658–1705) représenta une série de guerres défensives contre les Turcs, de combats contre les Hongrois et les Transylvaniens rebelles et de guerres contre la France qui soutint les adversaires de l'empereur également dans les conflits se produisant à la frontière orientale. En 1683, le siège de Vienne par les Turcs s'acheva presque par une catastrophe; cependant, la situation se renversa. «L'ère des héros» commença en Autriche.
Matthias Steinle, l'un des artistes les plus importants de l'époque a représenté Leopold Ier en tant que vainqueur des Turcs dans la pose magnifique d'un cavalier sur le champ de bataille. Dans la «Nature morte» d'armes turques sous les sabots d'un cheval gît un petit coq gaulois, allusion au perdant caché de la guerre contre les Turcs: Louis XIV! La statuette d'ivoirs n'a que 70 cms de haut; c'est donc un monument en miniature, un objet de collection pour le cabinet d'objets d'art. Steinle l'a probablement exécutée en 1688 et fut, sur ce, nommé ivoirier impérial. En 1693, il créa la deuxième statuette qui représente le jeune Joseph. Les deux œuvres, sont des chefs-d'œuvre par leur caractérisation des deux souverains.

## 10 Premier plan du château imperial de plaisance de Schönbrunn, vers 1693

Johann Bernhard Fischer von Erlach (1656–1723) a publié en 1721 un livre avec de grandes gravures sur cuivre qu'il nomma «Esquisse d'une histoire de l'architecture». Dans cet ouvrage, Fischer von Erlach donne une idée d'ensemble de l'architecture depuis l'Antiquité et présente ses propres œuvres à la fin de l'ouvrage. Il y inclut aussi le premier projet pour Schönbrunn qui ne fut pas réalisé; il lui donne comme légende «Venérie Imperiale», c'est-à-dire pavillon de chasse impérial: des rampes aménagées avec art conduisent au palais de plaisance de dimension géantes qui s'élève au sommet de la colline de Schönbrunn. Au premier plan, il y a une grande place des fêtes et de tournoi qui s'étend jusqu'à la large porte flanquée de colonnes. Elles portent déjà un aigle comme celui qui aujourd'hui couronne les obelisques des deux côtés de la porte, ce qui manque par contre dans le deuxième plan.

## 11 Deuxième plan du château impérial de plaisance de Schönbrunn 1696

Le projet est plein d'imagination; il en déborde même car il s'écarte de la réalité. On peut dire, si on peut s'exprimer ainsi, que Fischer von Erlach a fait descendre le château de la colline. La vue du côté de la cour d'Honneur et le plan d'ensemble nous permettent de reconnaitre tous les détails du plan qui fut accepté comme base de la construction en 1696 par l'empereur Joseph Ier. Certes, ce plan ne fut réalisé qu'en partie et subit ensuite des modifications sensibles sous Marie-Thérèse mais l'ordonnancement des bâtiments, le plan de la cour d'Honneur, même l'emplacement de la Gloriette ont déjà été fixés par Fischer von Erlach.

## 26, 27 Vue du château de Schönbrunn du côté cour, vers 1759/60

Le vénitien Bernardo Bellotto (1721–1780) avait appris chez son oncle Antonio Canal la peinture de perspectives, cet art qui unit une reproduction fidèle à la réalité d'une ville ou d'un paysage aux exigences de l'art pictural. Comme son oncle, il se nomma Canaletto mais quitta l'Italie pour toujours en 1747. Il exerça son activité presque une vingtaine d'années à Dresde puis de 1767 jusqu'à la fin de sa vie, à Varsovie. En 1759/60, alors que les Prussiens assiégeaient et bombardaient Dresde, sa deuxième patrie, il travailla à Vienne et principalement, pour la cour impériale. Les vues de la ville et des châteaux qu'il peignit alors montrent en premier lieu les places, les monuments et les parcs qui avaient été construits justement pendant la première moitié du siècle. C'est donc la «Vienne moderne» de 1760 que Bellotto peignit fidèlement et il ne pouvait manquer de peindre Schönbrunn!
Il a représenté la grande «cour d'Honneur» du château animée par des personnages. Ses «figures» sont souvent très caractéristiques d'un endroit et sont très proches de la réalité. Mais ici, il a fixé par l'image un évènement historique qui enthousiasma tout Vienne: le feld-maréchal Laudon avait remporté une grande victoire le 12 août 1759 à côté de Kunersdorf à l'est de l'Oder sur Frédéric de Prusse. Dans le journal de Khevenhüller, on peut lire à ce sujet; «Le 16 (août), leurs Majestés se rendirent vers dix heures et demie au couvent des Augustins à cause de la fête de Saint-Roch. Lors de notre retour, le comte Joseph Kinski, lieutenant-colonel du régiment de chevaux-légers de Löwenstein, arriva à cheval avec 20 clairons et 4 courriers et remit la lettre du général Laudon annonçant la victoire».

## 6, 7, 25 Facciata del Castello verso il giardino

L'attuale facciata che dà sul giardino è il risultato di lavori di rinnovo del tetto e delle balaustrate, nonchè della rielaborazione della facciata, di gusto classicheggiante, secondo i disegni dell'architetto Giovanni Aman. I mutamenti, apportati da questo architetto negli anni 1817–1819 sono spesso discutibili e sono visibili soprattutto nella parte che dà sul giardino. Ce ne rendiamo conto se confrontiamo lo stato attuale della facciata con il dipinto di Bellotto (pag. 68) che raffigura invece la facciata precedente. Colpisce particolarmente il cornicione principale, a spigolo vivo, così severo nella sua realizzazione; esso contrasta con le decorazioni, arrontondate, del Pacassi, che danno slancio alla facciata nella parte mediana.
Nel mezzo dell'edificio si innalza un ulteriore corpo a formare un belvedere. Dalla parte che dà sul giardino esso è decorato, dal 1819, con un'aquila bicipite e con dei trofei di guerra, simboli del glorioso impero. Al di sotto di questi è collocata la cosiddetta «Vogeluhr» (orologio) che ha sostituito un vecchio orologio rotondo.

## 9 Statuette equestri degli imperatori Leopoldo I e Giuseppe I

Per la capitale e i territori austriaci il lungo regno dell'imperatore Leopoldo I (1 58–1705) è stato caratterizzato da una serie di guerre di difesa contro i Turchi, da lotte contro i ribelli ungheresi e della Transilvania, da quelle per il confine orientale e da guerre contro la Francia, che sosteneva i nemici dell'Imperatore.
Si deve a Matthias Steinle, uno degli artisti più versatili e importanti dell'epoca, la statuetta dell'imperatore Leopoldo I, vincitore dei Turchi, raffigurato a cavallo, sul campo di battaglia, in una posa grandiosa. Sotto gli zoccoli del cavallo, accanto ad armi turche, si nota un gallo «gallico», che rappresenta Luigi XIV, sconfitto, anche se indirettamente, nella guerra contro i Turchi.
La statuetta, in avorio, misura circa 70 cm; è, per così dire, un monumento in miniatura, un prezioso ogetto da aggiungere a quelli che si trovano nella stanza del tesoro. Steinle terminò la statuetta probabilmente nel 1688 e, grazie a questa, ricevette la nomina a scultore ufficiale dell'Impero, almeno per quanto riguardava i lavori in avorio.
La seconda statuetta è del 1693: essa rappresenta Giuseppe I giovane, che all'epoca era già però re dell'Impero romano e re di Ungheria. Entrambe queste opere dimostrano come Steinle fosse abile a trattare un materiale tanto difficile quanto l'avorio, e come fosse capace di rendere plasticamente i tratti salienti del carattere dei due personaggi.

## 10 Primo progetto per il castello imperiale di Schönbrunn, 1693

Giovanni Bernardo Fischer von Erlach (1656–1723), il «grande Vecchio» dell'architettura tedesca, pubblicò nel 1721 un volume con grandi incisioni su rame che intitolò «Progetto per un'architettura storica».
In quest'opera Fischer esamina i problemi relativi all'architettura a partire dall'antichità, con ricostruzioni dei primi grandi edifici dell'umanità. Alle fine presenta anche le proprie opere. Tra queste si trova il primo progetto, non realizzato, di Schönbrunn, chiamato, in una didascalia, «Venérie Imperiale», cioè castello di caccia imperiale.
In primo piano è visibile un grande spiazzo che avrebbe dovuto essere adibito a feste e a tornei, con una tenda per l'Imperatore e i suoi ospiti; lo spiazzo è delimitato dal grande portone ornato da colonne. Su queste poggiano delle aquile, le stesse che oggi adornano gli obelischi, ai lati del portone. Le aquile sono escluse dal secondo progetto.

## 11 Secondo progetto per il castello imperiale di Schönbrunn, circa 1696

Il progetto fantasioso, anzi fantastico, si realizza. Fischer von Erlach porta il castello giù dalla collina. Nella veduta del cortile d'onore così come nella planimetria sono riconoscibili i particolari del progetto che fu poi accettato dall'imperatore Giuseppe I, allora ancora re dell'Impero romano. Ciò è testimoniato anche dalla relativa didascalia. Questo progetto, a dire il vero, fu realizzato solo in parte, fino circa all'anno 1700. Sotto Maria Teresa esso fu modificato, ma, per la posizione delle varie costruzioni, del cortile d'onore e persino della Gloriette, si tenne presente il progetto originario di Fischer von Erlach.

## 26–27 Veduta del Castello dalla parte del cortile intorno al 1759/60

Il pittore veneziano Bernardo Bellotto (1721–1780) aveva studiato presso lo zio Antonio Canal l'arte del paesaggio, quell'arte cioè di rappresentare una città o un paesaggio non solo fotograficamente, ma anche cogliendone il recondito significato.
Come lo zio, prese anch'egli il soprannome di Canaletto, e ne seguì le orme; nel 1747 però lasciò per sempre l'Italia. Operò per quasi due decenni a Dresda e poi, dal 1767 fino alla morte, a Varsavia. Negli anni 1759 e 1760, mentre i Prussiani assediavano e bombardavano la sua seconda patria, Dresda, lavorò a Vienna, soprattutto per conto della corte imperiale. Le vedute dell'epoca, che riguardano la città e i castelli, mostrano piazze, zone a verde ed edifici costruiti nella seconda metà del secolo testè trascorso. Bellotto fissò col suo pennello la «Vienna moderna», quella del 1760; e Schönbrunn non poteva mancare.
L'artista ha dipinto il grande cortile d'onore, affollato di gente. I suoi personaggi, benchè non ritratti dal vero, sono di grande realismo, tipici della vita che si svolge in una piazza. Qui comunque egli fissò un episodio storico che aveva entusiasmato la Vienna dell'epoca: il 12 agosto 1759 il luogotenente maresciallo di campo Laudon aveva ottenuto una grande vittoria su Federico II di Pruss a vicino a Kunersdorf, a est dell'Oder. Nel diario di Khevenhüller si può leggere quanto segue: «Il 16 (agosto) le Loro maestà si recarono alle 10,30 al convento degli Agostiniani, sulla Landstrasse, in occasione della festa di S. Rocco. Sulla via del ritorno li raggiunse, a cavallo, accompagnato da venti trombettieri e da quattro maestri di posta, il tenente colonnello Giuseppe Kinski, che portò la notizia della vittoria del generale Laudon.»

## 28 Die Familie Kaiser Franz' I. und Maria Theresias, 1754/55

Das Herrscherpaar ist inmitten seiner elf Kinder auf einer Schloßterrasse dargestellt, von der sich der Blick – wie von einer Bühne in die Kulissen – gegen den Ehrenhof von Schönbrunn öffnet. Eine Terrasse mit diesem Ausblick gab es zwar im Schloßbereich nicht, aber offensichtlich war dem Hofmaler Martin van Meytens (1695–1770) – oder der Kaiserin – daran gelegen, die Familie in Schönbrunn darzustellen, wo sich das familiäre Leben ungestört zu entfalten pflegte. Joseph, der etwa dreizehnjährige Kronprinz, gekleidet in ein prächtiges rotgoldenes Hofkleid, steht auf dem Stern des Marmorbodens, im Zentrum des Bildes, jedoch der Mutter zugewandt. Neben ihr, die ein reichgeschmücktes blaues Atlaskleid trägt, sehen wir auch die beiden mittleren Söhne, vorne Karl Joseph in der Uniform seines ungarischen Regiments, weiter hinten Peter Leopold. Beim Vater, im spanischen Mantelkleid aus Goldbrokat, stehen die ältesten Töchter: die sechzehnjährige Maria Anna und die zwölfjährige Maria Christine. Zwischen diesen beiden Personengruppen blicken wir auf den erst 1754 geborenen Ferdinand Karl, der im Bettchen liegt, umgeben von vier Schwestern. Außer Joseph und Leopold war keines dieser Kinder außerordentlich begabt. Die Töchter waren nicht strahlend schön, die anderen Söhne keine Genies. Dennoch haben diese Kinder mit ihren ganz verschiedenen Temperamenten und Anlagen die gesellschaftlichen Konventionen des Wiener Hofes gelockert und vermenschlicht.

## 29 Frühstückszimmer

Das Eckkabinett im Osttrakt war, (wie auch das Spiegelzimmer, Seiten 38, 39) ein Raum der Privatgemächer Maria Theresias und Franz' I. bis zu deren Übersiedlung in den Westtrakt. Möglicherweise wurde es von Kaiserin Maria Josepha als Frühstückszimmer verwendet. Heute schmücken seine Wände Blumenbouquets in vergoldeten Rokokorahmen, die durch goldene Bänder und Maschen miteinander verbunden sind. Die Applikationsstickereien stammen entweder von der Hand Maria Theresias selbst oder sind Arbeiten ihrer Töchter. Die Ausstattung dieses Raumes ist neben der des Porzellanzimmers ein eindrucksvolles Beispiel dafür, daß die Familie der Kaiserin ganz persönlich an der Ausschmückung der Schloßräume Anteil hatte.

## 30 Theateraufführungen in Schönbrunn. Ausschnitte aus vier Gemälden mit Kindern Maria Theresias in verschiedenen Rollen

Die habsburgischen Herrscher des Barock liebten Musik und Theater nicht nur als Zuhörer, sondern auch als Mitwirkende. Maria Theresia erzog ihre Kinder in dieser Tradition. Die vielen Familienfeste, vor allem die in Wien besonders gefeierten Namenstage, gaben Gelegenheit vor einem ausgewählten Publikum aufzutreten. Solange die Kinder klein waren, wurden oft als Überraschung für Vater oder Mutter, wobei der andere Elternteil die Kinder anleitete, italienische oder französische Komödien, Ballette oder Schäferspiele aufgeführt: viel Dressur, aber auch viel echte Fröhlichkeit! Von den halbwüchsigen oder erwachsenen Erzherzoginnen konnten schon kleine italienische Opern, sogenannte Operetten, einstudiert werden. Ein prominenter Anlaß zu einem solch anspruchsvollen Unterfangen war die Hochzeit Josephs II. mit Maria Josepha von Bayern im Januar 1765. Trotz der kalten Jahreszeit begab man sich nach Schönbrunn und spielte im Zeremoniensaal C. W. Glucks eigens für diesen Anlaß zu einem Text von Metastasio komponierte Operette „Il parnasso confuso". Die Erzherzogin Maria Amalie trat als Apollo auf, drei ihrer Schwestern spielten Musen, Erzherzog Peter Leopold dirigierte vom Cembalo aus.

Am nächsten Abend wurde von Berufssängern die Serenade „Il trionfo d'amore" von Gaßmann aufgeführt, mit einer Balletteinlage, die von den jüngsten Geschwistern des kaiserlichen Bräutigams getanzt wurde: von der neunjährigen Maria Antoinette als „Flore" und ihren Brüdern Ferdinand Karl und Maximilian Franz, die ein Jahr älter bzw. ein Jahr jünger waren.

## 31 Theateraufführung anläßlich der Vermählung Josephs II. mit Isabella von Parma, 1760

Für das Schloßtheater wurden selbstverständlich Berufsschauspieler engagiert, meist italienische oder französische, seit Joseph II. (1765 bzw. 1780–1790) auch deutsche Truppen. Eine besondere Blüte erlebte das Schönbrunner Schloßtheater während der Aufenthalte Napoleons in den Jahren 1805 und 1809. Der Kaiser der Franzosen besuchte sehr häufig die Vorstellungen, umgeben von der Generalität in goldstrotzenden Uniformen. Er berief 1805 Cherubini zu einem Konzert, befahl 1809 unter anderem die Aufführung von Mozarts Don Giovanni und von Racines Phaedra in der deutschen Fassung Schillers. Nicht weniger häufig, sicher aber noch unbeschwerter waren die Theateraufführungen, die während des Wiener Kongresses (1814/15) vor einer internationalen Gesellschaft gespielt wurden. Das Schloßtheater wurde nach Plänen Pacassis gebaut und 1747 eröffnet, von Hohenberg um 1766/67 im Stil des späten Rokoko dekoriert. Durch Erneuerungen und durch die Adaptierung für das Reinhardt-Seminar 1924 wurden Innenraum und Bühne seither wiederholt verändert. Seit Jahren spielt im Sommer die Wiener Kammeroper in Schönbrunn und zaubert Festspielatmosphäre in dieses älteste Theater Wiens.

## 32 Bildnis der Erzherzogin Maria Theresia (1717–1780)

Gäbe es nicht einen 1727 datierten Kupferstich Schmutzers nach diesem Bild, würde man wohl kaum glauben, daß die schöne Erzherzogin im dunkelblauen Atlaskleid mit zartem Perlenschmuck erst zehn Jahre zählte, als Andreas Möller sie porträtierte. Damals hatte ihr Vater, Kaiser Karl VI., zwar die Hoffnung auf einen männlichen Erben noch nicht aufgegeben, aber Maria Theresia galt bereits als begehrteste Braut Europas. Daß sie im Jahr 1736 ihren geliebten Franz Stephan von Lothringen heiraten durfte, war gar nicht „gegen jede politische Vernunft". Ihr Vater wollte keinen Prinzen aus einem mächtigen Herrscherhaus, weil er das Aufgehen der habsburgischen Länder in einem anderen Machtbereich befürchtete.

celebration. Upon our return the Lieutenant Colonel of the Chevauxlêger Regiment of Löwenstein, Count Joseph Kinski arrived ... with twenty trumpets and four postilions to proclaim the news of General Laudon's victory."

## 28 The Family of Emperor Franz I's and Maria Theresia's, 1754/55

The sovereign couple is portrayed with its eleven children on a palace terrace, from where the view – like that into stage scenery – opens into the courtyard. In point of fact, no such terrace with this view existed, but obviously the Painter to the Court, Martin van Meytens (1695–1770) – or the Empress herself – was concerned to place the family where home-life was less confined. Crown Prince Joseph, then thirteen years old and dressed in splendid red-and-gold brocade, stands at the center of the star in the marble floor and hence at the center of the picture, although he is turned toward his mother. She, in a lavishly ornamented blue satin gown, is flanked by the two middle sons: in front of her Karl Joseph in the uniform of his Hungarian regiment; behind her Peter Leopold. The father, wearing a Spanish cape of gold brocade, sits between the two oldest daughters: twenty-six year-old Maria Anna and twelve year-old Maria Christine. Between the two groups we find Ferdinand Karl, who was not born until 1754, lying in bed and surrounded by his four younger sisters. Except for Joseph and Leopold, none of the children were particularly gifted. The daughters radiated little beauty; nor were the other sons touched by genius. Nonetheless these children of varying temperaments and pre-dispositions contributed much toward relaxing and humanizing the rigid social conventions of the Vienna Court.

## 29 The Breakfast Room

The corner cabinet on the east wing (like the Mirror Room, pp 38, 39) belonged to the private apartments of Maria Theresia and Franz I until they moved into the west wing. It was possibly used by Empress Maria Josepha as a breakfast-room. Today the walls are adorned with bouquets of flowers in gilt rococo frames connected to one another by gold ribbon. The appliqué embroidery is said to be the handwork of either Maria Theresia herself or one of her daughters. The furnishings of this room – next to those of the Porcelain Room – bear eloquent witness to the personal contributions made by the imperial family toward the interior decoration of the palace.

## 30 Theater Performances at Schönbrunn. Sections of Four Paintings depicting Maria Theresia's Children in different Roles

The Habsburg rulers of the Baroque were not only passive recipients, but also active participants in matters of music and theater. Maria Theresia raised her children in this tradition. Performances before a selected audience were occasioned by numerous family celebrations, especially for the name-day festivities so popular in Vienna. One of the parents would assist and direct the young children in surprising the other parent with a rendition of Italian or French comedies, ballets, or pastoral plays: plenty of arduous training, but spiced with genuine gaiety! Small Italian operas, called operettes, were studied by the adolescent or post-adolescent archduchesses. An occasion for one such demanding enterprise was the marriage of Joseph II to Maria Josepha of Bavaria in January of 1765. Despite the season the nuptial festivities took place in the Ceremonial Hall of Schönbrunn, where, to the lyrics of Metastasio, an operette composed by Gluck especially for the occasion was performed: "Il parnasso confuso". The Archduchess Maria Amalie appeared in the role of Apollo, three of her sisters played Muses, and the Archduke Peter Leopold directed from the cembalo. On the next evening Gassmann's serenade, "Il trionfo d'amore", was sung by professionals, with a ballet interlude danced by the imperial groom's youngest brothers and sisters: with the nine year-old Maria Antoinette as "Flore", joined by her brothers Ferdinand Karl and Maximilian Franz, respectively one year older and one year younger than she.

## 31 A Theater Performance on the Occasion of the Marriage of Joseph II to Isabella of Parma, 1760

Professional actors were employed by the Schönbrunn Theater, with German performers not joining their French and Italian counterparts until the reign of Joseph II (1765 or 1780–1790). The theater flourished especially during Napoleon's sojourns in 1805 and 1809. The French emperor attended the performances regularly, surrounded by his General Staff in their lavish uniforms and golden epaulets. In 1805 he commissioned Cherubini to perform a concert, and in 1809 he ordered Mozart's Don Giovanni and Racine's Phaedra to be performed to Schiller's German text. Not any less frequent, but certainly less burdensome were the pieces played during the Congress of Vienna (1814–15) to an international audience.

The palace theater was built to a design by Pacassi and opened in 1747, then re-decorated in late rococo by Hohenberg in 1766/67. Since then the stage and interior have been modified repeatedly for both renovation and the adaptation of the theater to the needs of the Max Reinhardt School of Dramatic Art in 1924. Every summer the Wiener Kammeroper performs in Schönbrunn and conjures up an atmosphere of music festivals in this, the oldest theater of Vienna.

## 32 Portrait of Archduchess Maria Theresia (1717–1780)

If Schmutzer had not copied this painting in a copper engraving dated 1727, one could hardly believe that the pretty archduchess, dressed in a dark blue satin gown and wearing a pearl necklace, was only ten years old when Andreas Möller completed her portrait. At the time her father, Emperor Karl VI, had not yet given up hopes of a male heir, but Maria Theresia already was being regarded as the most highly sought-after bride in all of Europe. When she was finally allowed to marry her beloved Franz Stephan von Lothringen in 1736, it was not "in defiance of political reason". Her father was against her marrying the prince of another powerful ruling house because he feared the Habsburg dominions might be absorbed by a new power center.

## 28 La famille de l'empereur François Ier et de Marie-Thérèse, 1754/55

Les souverains sont représentés au milieu de leurs onze enfants sur une terrasse du château ayant vue sur la cour d'Honneur de Schönbrunn. Il n'existait pas de terrasse jouissant de cette vue dans le château mais il est évident que Martin van Maytens (1695–1770), le peintre de la cour, – ou l'impératrice – désirait représenter la famille à Schönbrunn où la vie familiale avait coutume de se dérouler sans contrainte. Joseph, le dauphin d'environ 13 ans, vêtu d'un magnifique habit de cour or rouge se tient debout sur l'étoile du sol de marbre au centre du tableau mais cependant tourné vers sa mère. A côté d'elle qui porte une robe de satin bleu richement orné, nous voyons les deux autres plus grands fils, devant, Charles-Joseph, dans l'uniforme de son régiment hongrois, plus loin derrière, Pierre-Leopold. Les plus âgées des filles sont debout à côté de leur père et portent une robe-manteau de style espagnol en brocart d'or: Marie-Anne, 16 ans et Marie-Christine, 12 ans. Entre ces deux groupes de personnages, nous voyons Ferdinand-Charles né justement en 1754 qui est dans son berceau, entouré de quatre autres filles. A part Joseph et Leopold, aucun de ces enfants n'était particulièrement doué. Les filles n'avaient pas une beauté éclatante, les autres fils n'étaient pas des génies. Cependant, ces enfants de tempérament et de dispositions différents ont assoupli et humanisé la rigueur des conventions de l'étiquette à la cour de Vienne.

## 29 La salle du petit déjeuner

Le cabinet du coin de l'aile est fut, (comme également la salle des Glaces, pages 38, 39) une pièce des appartements privés de Marie-Thérèse et de François Ier jusqu'à ce qu'ils s'installent dans l'aile ouest. Il est possible que l'impératrice Marie-Josèphe s'en soit servi pour y prendre son petit déjeuner. Aujourd'hui, ses murs sont ornés de bouquets de fleurs dans des cadres rococo dorés reliés les uns aux autres par des rubans et des nœuds dorés. Les broderies d'application ont été exécutées par Marie-Thérèse elle-même ou par ses filles. L'aménagement de cette pièce est une preuve impressionnante de la part que la famille de l'impératrice prenait personellement à la décoration des pièces du château.

## 30 Représentations epresentations théâtrales à Schönbrunn. Détails de quatre tableaux avec les enfants de Marie-Thérèse dans différents rôles

Les souverains Habsbourg de l'époque baroque aimaient non seulement à écouter de la musique et des pièces de théâtre mais également à en jouer. Marie-Thérèse éleva ses enfants dans cette tradition. Les nombreuses fêtes de famille surtout les fêtes qui étaient célébrées particulièrement à Vienne donnaient l'occasion de se produire devant un public choisi. Aussi longtemps que les enfants furent petits, on représenta souvent comme surprise pour le père ou la mère (l'un des parents dirigeant les enfants) des comédies italiennes ou françaises, des ballets ou des bergeries. Une occasion éminente pour une entreprise si exigeante fut le mariage de Joseph II avec Marie-Josèphe de Bavière en janvier 1765. En dépit de la saison froide, on se rendit à Schönbrunn et on joua dans la salle des Cérémonies une opérette composée exprès à cette occasion par Gluck sur un texte de Métastase «Il parnasso confuso». L'archiduchesse Marie-Amélie se produisit en tant qu'Apollon, ses trois sœurs jouèrent les Muses, l'archiduc Pierre-Leopold dirigea la représentation tout en jouant lui-même le violoncelle.
Le soir suivant, des chanteurs professionnels donnèrent la sérénade de Gassmann «Il trionfo d'amore» avec un intermède de ballet qui fut dansé par les quatre plus jeunes frères et sœurs de l'époux impérial: Marie-Antoinette, âgée de neuf ans, dans «Flore» et ses frères Ferdinand-Charles et Maximilien-François respectivement d'un an plus âgé ou plus jeune.

## 31 Représentation théâtrale à l'occasion du mariage de Joseph II avec Isabelle de Parme, 1760

Pour le théâtre du château, on engageait naturellement des chanteurs professionnels, la plupart du temps italiens ou français mais également des compagnies allemandes depuis Joseph II (1765 ou 1780–1790). Le théâtre du château de Schönbrunn vécut une période particulièrement faste pendant les séjours de Napoléon en 1805 et 1809. L'empereur des Français se rendait très souvent aux représentations entourés de généraux aux uniformes chamarrés d'or. En 1805, il appela Cherubini pour donner un concert, en 1809, ordonna entre autres la représentation du Don Giovanni de Mozart et de la Phèdre de Racine dans la version allemande de Schiller. Les représentations théâtrales données pendant le congrès de Vienne (1814–1815) devant un public international ne furent pas moins nombreuses mais sûrement encore plus insouciantes. Le théâtre du château a été construit d'après les plans de Pacassi, inauguré en 1747 et décoré par Hohenberg vers 1766/67 dans le style de la fin du rococo. Depuis des années, l'opéra-bouffe de Vienne joue en été à Schönbrunn et fait naître une atmosphère magique de festival dans ce plus ancien théâtre de Vienne.

## 32 Portrait de l'archiduchesse Marie-Thérèse (1717–1780)

S'il n'existait pas une gravure sur cuivre de Schmutzer, datée de 1727, on aurait bien du mal à croire que la jolie archiduchesse, dans sa robe de satin bleu foncé, ne comptait que dix ans lorsqu'Andreas Möller fit son portrait. A ce moment-là, son père, l'empereur Charles VI, n'avait pas encore abandonné tout espoir d'avoir un héritier mâle mais Marie-Thérèse était déjà considérée comme la fiancée la plus convoitée d'Europe. Qu'elle ait eu, en 1736, l'autorisation d'épouser son François de Loraine bien-aimé ne fut pas une décision «contraire à toute raison politique». Son père ne voulait pas qu'elle épouse un prince d'une puissante maison souveraine car il craignait que les états des Habsbourg passent sous un autre sceptre.

## 28 La famiglia dell'imperatore Francesco I e di Maria Teresa, 1754/55

La coppia imperiale è raffigurata, circondata dagli undici figli, su una terrazza del castello, al di là della quale si apre, come uno scenario, il cortile d'onore di Schönbrunn.
A dire il vero una terrazza con una tale vista non c'era proprio a Schönbrunn, ma il pittore di corte Martino van Meytens (1695–1770) – o forse l'Imperatrice – ci teneva a rappresentare la famiglia a Schönbrunn, dove si svolgeva, indistrubata, la tranquilla vita familiare. Giuseppe, il principe ereditario che all'epoca aveva tredici anni, è in piedi, vestitio con uno splendido abito rosso dorato. Si noti come egli si ritrovi sul motivo a forma di «stella», del pavimento di marmo che è al centro del quadro. Il volto è tuttavia rivolto verso la madre. Accanto a questa, che è vestita con un abito riccamente decorato di raso azzurro, vi sono i due figli minori. Davanti vediamo Carlo Giuseppe con la divisa del suo reggimento ungherese e molto più indietro Pietro Leopoldo. Accanto al padre, che indossa un mantello spagnolo di broccato dorato, si trovano le figlie maggiori: Maria Anna, di sedici anni, e Maria Cristina, di dodici anni.
Tra questi due gruppi di personaggi, ben distinti, si nota Ferdinando Carlo, nato nel 1754, ancora nella culla, circondato da quattro sorelline. Se si eccettuano Giuseppe e Leopoldo, nessuno dei figli di Maria Teresa era particolarmente dotato. Le regazze non erano delle grandi bellezze, i maschi non erano dei geni. Tuttavia, grazie ai loro diversi temperamenti e interessi, riuscirono a rendere meno rigide e più umane le convenzioni sociali della corte viennese.

## 29 Stanza della prima colazione

La piccola stanza d'angolo nell'ala orientale (così come la stanza degli specchi, pagg. 38, 39) faceva parte degli appartamenti privati della coppia imperiale fino a quando questa non si trasferì nell'ala occidentale. Pare che questa stanza fosse adibita alle prima colazione dell'imperatrice Maria Giuseppina. Oggi adornano le pareti della stanza dei motivi di fiori in cornici dorate del Rococò. Ogni cornice è legata all'altra da nastri e fiocchi dorati. I ricami sono stati eseguiti dalla stessa Maria Teresa e dalle figlie.
L'arredamento di questa stanza, così come quello della stanza delle porcellane, mostra come la famiglia dell'Imperatrice si occupasse personalmente della decorazione dei loro appartamenti.

## 30 Rappresentazioni teatrali a Schönbrunn. Particolari di quattro quadri in cui figli di Maria Teresa avevano ruoli di attori

Gli Asburgo, all'epoca barocca, amavano la musica e il teatro e lo vivevano non in modo passivo, ma attivo. Maria Teresa, nell'educazione dei propri figli, non dimenticò mai questa tradizione. Le feste di famiglia non mancavano: soprattutto in occasione degli onomastici, i ragazzi recitavano di fronte ad un pubblico scelto. Finchè erano piccoli, questi facevano delle sorprese ai genitori: il padre o la madre istruivano i bambini a rappresentare commedie italiane o francesi, balletti o scene pastorali. Ciò procurava molto lavoro, ma, alla fine, era un vero e proprio divertimento. Le arciduchesse, adolescenti o adulte, erano in gardo di esibirsi in piccole opere italiane, dette operette. Un'occasione del tutto particolare fu il matrimonio di Giuseppe II con Giuseppina de Bavaria, nel gennaio del 1765.
Nonostante la stagione fredda, la famiglia imperiale si recò al gran completo a Schönbrunn, dove ebbe luogo, nella sala delle cerimonie, la rappresentazione dell'operetta »Il parnaso confuso», che Gluck aveva scritto per quest'occasione su un testo di Metastasio. L'arciduchessa Maria Amalia impersonava Apollo, tre delle sorelle le muse, mentre l'arciduca Pietro Leopoldo dirigeva, suonando contemporaneamente il cembalo.
La sera seguente dei cantanti professionisti presentarono la serenata «Il trionfo d'amore» di Gaßmann, mentre il corpo di ballo era costituito dai fratellini dello sposo, e cioè da Maria Antonietta, che allora aveva nove anni, nella parte di «Flore», dai fratelli Ferdinando Carlo, di dieci anni, e Massimiliano Francesco, di otto anni.

## 31 Rappresentazione teatrale in occasione delle nozze di Giuseppe II con Isabella di Parma, 1760

Per il teatro del Castello si ingaggiavano solitamente degli attori professionisti, per lo più italiani o francesi. Con Giuseppe II (1765 e 1780–1790) furono chiamate anche delle compagnie teatrali tedesche. Durante la permanenza a Vienna di Napoleone nel 1805 e nel 1809 il teatro di Schönbrunn ebbe una particolare fioritura.
L'imperatore dei Francesi presenziò molto spesso alle rappresentazioni teatrali, circondato dai generali nelle loro divise sfavillanti d'oro. Nel 1805 Napoleone chiamò Cherubini a tenere un concerto, nel 1809 fece rappresentare il Don Giovanni di Mozart e la Fedra di Racine nella versione tedesca di Schiller.
Il teatro di Schönbrunn fu costruito su progetto di Pacassi e inaugurato nel 1747; le decorazioni, del tardo Rococò, sono opera di Hohenberg, che vi lavorò negli anni 1766/67. La scala e il palcoscenico furono spesso modificati e infine, adattati nel 1924 per il Seminario Reinhard.
Da anni la Wiener Kammeroper si esibisce, in estate, a Schönbrunn e crea un'atmosfera tutta speciale nel più antico teatro viennese.

## 32 Ritratto dell'arciduchessa Maria Teresa (1717–1780)

Se non ci fosse un'incisione su rame di Schmutzer del 1727 che riproducesse questo quadro, non si crederebbe che la bella arciduchessa dall'abito di raso blu, ricamato con perle, avesse dieci anni allorché fu ritratta da Andrea Möller.
A quell'epoca suo padre, l'imperatore Carlo VI, non aveva ancora rinunciato all'idea di non avere un figlio maschio. Già a quel tempo Maria Teresa era considerata una delle donne più desiderabili d'Europa. Nel 1736 sposò l'uomo che amava, Francesco Stefano di Lotringia; questo matrimonio non era considerato contriario alla «ragione di stato».

## 33 Schönbrunner Doppelbildnisse: Die Erzherzoge Karl Joseph (1745–1761) und Peter Leopold (1747–1792). Erzherzogin Maria Christine (1742–1798) und Erzherzog Peter Leopold. Die Erzherzoginnen Maria Josepha (1751–1767) und Maria Antoinette (1755–1793)

Fast in jedem Zimmer des Schlosses, die dem Besucher geöffnet sind, befinden sich Bildnisse kaiserlicher Familienmitglieder. An denen der Kinder fällt auf, daß diese ganz in der Art von Erwachsenen gekleidet sind: die Mädchen mit Taillenmiedern, Dekolleté und Schmuck, die Buben mit gepuderten Haaren und Kinderdegen. Ihr Alter ist manchmal kaum zu erkennen. Die Verkleidung entspricht freilich der Realität des Hofzeremoniells. Karl Joseph und Peter Leopold stehen vor uns als Inhaber ihrer Regimenter. Karl, der zweitgeborene Sohn, war aus politischen Gründen Inhaber eines ungarischen Infanterie-Regiments, Peter Leopold steht bei den Kürassieren, der traditionell vornehmsten Waffengattung. Die beiden Kinder sind etwa 15 und 13 Jahre alt. Das benachbarte Doppelbildnis zeigt uns den kleinen Kürassier Peter Leopold neben seiner achtjährigen Schwester Maria Christine, die ein Bologneserhündchen auf dem Schoß hält. Auf dem Tisch liegt ein Erzherzogshut, Insigne des Landes und Hauses Österreich. Die beiden Bildnisse stammen von Martin van Meytens aus den Jahren 1759/60 bzw. 1750/51.
In den fünfziger Jahren haben einige wenige französische Maler, darunter Benevault, etwas vom Pariser Geschmack an den Wiener Hof gebracht: Das Doppelbildnis der Schwestern Maria Josepha und Maria Antoinette um 1759 bemüht sich viel weniger um Porträtähnlichkeit als um die Einkleidung der Mädchen in eine mythologische Thematik oder eine unpersönliche höfische Atmosphäre. Einer „engagierten" Mutter wie Maria Theresia mußten die realistischen Porträts des Meytens mehr zusagen.
Maria Josepha war schon im Alter von etwa acht Jahren nach den Worten ihrer Mutter „ein Opfer der Politik: wenn sie nur ihre Pflicht gegen Gott und ihren Gatten erfüllt . . . wäre ich schon zufrieden, selbst wenn sie unglücklich wird". Es sollte anders kommen: am Tag vor der Vermählung mit dem wenig sympathischen König von Neapel erlag sie den Pocken.
Maria Antoinette (in Wien wurde sie Antonia genannt) wurde 1793 tatsächlich ein Opfer der Politik. Als jüngstes Mädchen – reizvoll und mutwillig zugleich – verwöhnte man sie mehr als die älteren Geschwister. Die leichtlebige Kronprinzessin und junge Königin von Frankreich war an ihrem schweren Schicksal freilich selbst nicht schuldlos.

## 34 Nikolausbescherung in der kaiserlichen Familie, um 1760

Noch weit bis ins 19. Jahrhundert war es auch in Wien nur zu Nikolo üblich, die Kinder zu beschenken. Zu Weihnachten gab es im 18. Jahrhundert in einem Wiener Bürgerhaus weder einen Christbaum noch Geschenke. So war es auch in der kaiserlichen Familie. Das so ganz und gar unhöfische Bildchen vom Nikoloabend gibt dafür ein beredtes Zeugnis. Auch bei der Erziehung ihrer Kinder ließ Maria Theresia nicht jene Oberflächlichkeit und Willkür gelten, die an Fürstenhöfen oft an den Tag gelegt wurde, sondern sorgte für Strenge und gutbürgerliche Regelmäßigkeit. Als eine Kammerfrau einmal einwandte, daß die kaiserlichen Prinzen früher nie geschlagen worden seien, sagte Maria Theresia: „sie waren auch danach!". Zur sorgfältigen Erziehung gehörte – wie bei „höheren Töchtern" – die musikalische und zeichnerische Ausbildung. Das kleine Bildchen hat Maria Christine, von ihrer Mutter zärtlich Mimi genannt, gemalt, wobei sie als Vorlage für die Komposition einen holländischen Stich gewählt hatte. Ganz links hat sie sich selbst porträtiert, wie sie eben dem kleinen Bruder Ferdinand mit der Rute droht. Maria Antoinette zeigt beglückt ihre neue Puppe, während der Jüngste, Maximilian Franz, sich am Lebkuchen delektiert. Der behäbig-ernste Vater und die resolute Mutter stellen in der Tat nicht dar, was man sich unter Römisch-kaiserlichen Majestäten vorstellt, die vor der Öffentlichkeit von einem Zeremoniell beherrscht waren, das ihnen keinen freien Schritt, kein ungezwungenes Wort gestatten wollte.

## 34 Die Erzherzoginnen Maria Anna (1738–1789), Maria Christine (1742–1798), Maria Antoinette (1755–1793)

Eine Gruppe von Porträts von Töchtern Maria Theresias aus den Jahren 1767/68 schmückt heute das Kinderzimmer im Westflügel, welches zum Appartement der Kaiserin Elisabeth gehörte. Da der Maler dieser Halbfigurbilder unbekannt ist, wurde ihm der Notname „Meister der Erzherzoginnenporträts" gegeben. Maria Anna, die Älteste, kam zur Welt, als ihre Mutter noch Erzherzogin war und wurde von ihr als Sorgenkind besonders geliebt; sie war leicht verwachsen und häufig krank. So widmete sie sich nicht nur dem Theaterspielen und Zeichnen, sondern auch der Lektüre und dem Sammeln und Katalogisieren von Münzen wie ihr Vater und ihr Großvater Kaiser Karl VI. Im Jahre 1766 entschloß sie sich, als Äbtissin in das Adelige Damenstift in Prag einzutreten, hielt sich aber zu Lebzeiten der Mutter meist in Wien auf.
Von Maria Christines künstlerischer Begabung war schon die Rede. Als einzige der Töchter durfte sie aus Liebe heiraten, allerdings auch erst den zweiten Kandidaten und erst 1766, als ihr Vater bereits gestorben war. Mit ihrem Mann, dem sächsischen Prinzen Albert, lebte sie einige Jahre in Preßburg, ab 1780 in Brüssel. Gemeinsam bauten sie jene wundervolle Sammlung auf, die heute, nach ihm Albertina benannt, Weltruhm genießt.
Maria Antonia wurde fünfzehnjährig aus der fast bürgerlichen Wiener Kinderstube an den luxuriösen und verschwenderischen Hof von Versailles versetzt. Das bereitete ihrer Mutter nicht geringe Sorgen, wie aus vielen ermahnenden Briefen hervorgeht. Ein paar allzu unbeschwerte Jahre lang triumphierte ihre Schönheit, die das Schönbrunner Porträt schon erwarten läßt. Zu spät fand sie zu Verantwortung und Charaktergröße, bewährte sich aber in Gefangenschaft und Tod am Schafott als Tochter ihrer großen Mutter.

## 33 Schönbrunn Double-Portraits: The Archdukes Karl Joseph (1745–1761) and Peter Leopold (1747–1792); Archduchess Maria Christine (1742–1798) and Archduke Peter Leopold; The Archduchesses Maria Josepha (1751–1767) and Maria Antoinette (1755–1793).

Portraits of the imperial family hang in almost every room of the palace open to visitors. Regarding the portraits of the children, it is striking how they are dressed in the manner of adults: the girls in bodices, decolletés, and jewelry, the boys with powdered hair and small sabres. Their ages often cannot be determined. The costumes correspond, of course, to the reality of court ceremony. The Archdukes Karl Joseph and Peter Leopold are posed before us in the uniforms of their own respective regiments. Karl, the second-born son, commanded – out of political considerations! – a Hungarian infantry regiment; Peter Leopold was a Kürassier, traditionally the noblest branch of service. The children are respectively fifteen and thirteen years of age. The adjacent double-portrait depicts the young Kürassier Peter Leopold next to his eight year-old sister, Maria Christine, shown holding a Bolognese lap-dog. On the table is the insignia of the crown-land Austria, a ducal coronet. Both paintings were completed by Martin van Meytens in the years 1759/60 and 1750/51.
During the fifties a small number of French painters, among them Benevault, succeeded in introducing something of Parisian taste to the Vienna Court: the double-portrait of the sisters Maria Josepha and Maria Antoinette from 1759 concerns itself less with versimilitude, rather more with enveloping the girls in a mythological aura or in the impersonal atmosphere of the court. A "devoted" mother such as Maria Theresia preferred Meytens' more naturalistic portraits.
According to her mother, Maria Josepha had already become, at the tender age of eight years, "a victim of politics: if she can only fulfill her duties both to God and to her husband, I shall be satisfied, even if she is unhappy". Things turned out differently: on the day preceding her marriage to the rather unappealing King of Naples, she succumbed to smallpox.
Maria Antoinette (in Vienna she was called Antonia) actually did become a political victim in 1793. As the youngest of Maria Theresia's daughters – equally charming and mischievous – she was over-indulged in comparison to her sisters. The light-hearted Crown Princess and young Queen of France was not entirely undeserving of her ignoble end.

## 34 The Imperial Family's Celebration of St. Nicholas' Eve, about 1760

Until far into the nineteenth century it was the custom to give children only on St. Nicholas' Eve (6th of December). In the good homes of the eighteenth century there was neither a Christmas tree nor presents to place under it. That was true of the imperial family as well, to which the painting, so atypical of courtly life, bears eloquent witness. In matters of the children's upbringing, Maria Theresia emphasized strictness and the bourgeois virtue of consistency in contrast to the superficiality and capriciousness that were the rule at other princely courts. When a chambermaid once commented that the crown princes had never been struck in former times, Maria Theresia retorted that "they also turned out accordingly!" The study of music and drawing were also important constituents of the children's conscientious rearing, as befitted "privileged daughters". The small picture was created by Maria Christine, called affectionately "Mimi" by her mother, using a Dutch engraving as model. At the far left she has depicted herself threatening her younger brother Ferdinand with a switch. Maria Antoinette is showing off her new doll, while the youngest, Maximilian Franz, is being distracted by the gingerbread. The portly, sober father and resolute mother bear little resamblance to the imperial Roman majesties whose public lives were bound completely by ceremonial dictates.

## 34 The Archduchesses Maria Anna (1738–1789), Maria Christine (1742–1798), and Maria Antoinette (1755–1793).

The children's room leading to the Empress Elisabeth's apartments in the west wing is adorned with a collection of portraits of Maria Theresia's daughters from the years 1765–1767. Because the name of the artist who painted these half-length portraits is unknown, he was christened the "Master of the Archduchess Portraits". Maria Anna, the eldest, came into the world while her mother was still an archduchess and was especially loved by her as a worrisome child: she was slightly misshapen and frequently taken to illness. In addition to being well-versed in theater and drawing, she was consequently well-read also and emulated her father and her grandfather, Emperor Karl VI, by collecting and cataloguing coins. In 1766 she decided to become abess of a convent in Prague for ladies of rank, but remained mostly in Vienna until her mother's death.
Reference has already been made to Maria Christine's artistic talent. She was the only daughter who was permitted to marry for love – although only her second choice and not until 1766, after her father had already died. She lived with her husband, Prince Albert of Saxony, for a few years in Pressburg before moving to Brussels in 1780. Together they built up the world-renown collection of art called, after her husband, the "Albertina".
At the age of fifteen, Maria Antonia left her almost middle-class Viennese nursery for the luxurious and extravagant court at Versailles. Her mother's many admonishing letters testify to the latter's concern. For a few all-too frivolous years her beauty, as the portrait would lead one to expect, was able to triumph. Only belatedly did she discover responsibility and strength of character by proving herself, throughout the ordeal of imprisonment and up to her execution by guillotine, a true daughter of her great mother.

## 46, 72, 73 The Gloriette

The Gloriette, the name of which means "Temple of Honor", is a rather curious neo-classical portico structure surmounting the hill of Schönbrunn. It not only dominates the view from the garden, but

## 33 Les portraits doubles de Schönbrunn: les archiducs Charles-Joseph (1745–1761) et Pierre-Leopold (1747–1792). L'archiduchesse Marie-Christine (1742–1798) et l'archiduc Pierre-Leopold. Les archiduchesses Marie-Josèphe (1751–1767) et Marie-Antoinette (1755–1793)

Des portraits des membres de la famille impèriale se trouvent dans presque chacune des salles du château qui est ouverte à la visite. Lorsqu'on regarde les portraits des enfants, on remarque que ceux-ci sont vêtus tout à fait comme des adultes: les filles sont décolletées, portent un corselet à la taille et de bijoux, les garçons ont les cheveux poudrés et une épée petite. On a parfois du mal à deviner leur âge. S'ils étaient habillés ainsi, c'est parce que, en réalité, c'était naturellement exigé par l'étiquette de la cour. Charles-Joseph et Pierre-Leopold se tiennent devant nous en tant que propriétaires de leur régiment. Charles, le deuxième des fils, était propriétaire d'un régiment d'infanterie hongrois, Pierre-Leopold, pour des raisons politiques, est chez les cuirassiers, l'arme traditionellement la plus distinguée. Les deux enfants ont environ 15 et 13 ans. Le portrait double voisin nous montre le petit cuirassiers Pierre-Leopold à côté de sa sœur Marie-Christine qui tient un bichon bolonais sur ses genoux. Les deux tableaux de Martin van Meytens datent respecitvement de 1759/60 et de 1750/51.

Dans les années cinquante, quelques peintres français dont Benevault ont apporté un peu du goût parisien à la cour de Vienne: le portrait double des sœurs Marie-Josèphe et Marie-Antoinette, vers 1759, s'efforce bien moin d'attrapper la ressemblance que de placer les jeunes filles dans un thème mythologique ou une atmosphère impersonnelle de cour. D'après les paroles de sa mère, Marie-Josèphe était déjà à l'âge de huit ans environ «une victime de la politique: si seulement elle remplit son devoir envers Dieu et son époux . . . je serais déjà contente, même si elle est malheureuse.« Le destin devait en décider autrement: la veille de son mariage avec le peu sympathique roi de Naples, elle mourut de la variole. Marie-Antoinette (à Vienne, on la nommeait Antonia) fut vraiment une victime de la politique en 1793. La plus jeune des filles – charmante et espiègle à la fois – elle fut bien plus gâtée que ses frères et sœurs aînés. Jeune Dauphine insouciante et jeune reine de France, elle fut d'une certaine manière responsable de son terrible destin.

## 34 La fête de la Saint-Nicolas dans la famille impériale vers 1760

Jusque vers la moitié du 19ème siècle, il fut habituel à Vienne de ne faire des cadeaux aux enfants que pour la Saint-Nicolas. Au 18ème siècle, à Noël, dans une maison bourgeoise viennoise, il n'y avait ni arbre de Noël ni cadeaux. C'était également le cas dans la famille impériale Le tableau tout à fait naturel de la fête de la Saint-Nicolas en porte un témoignage éloquent. Pour l'éducation de ses enfants, Marie-Thérèse veilla à ce que la sévérité et un ordre bourgeois règnent. Comme une femme de chambre protestait une fois que les princes impériaux n'avaient jamais été battus auparavant, Marie-Thérèse réplique: «on a vu ce que cela a donné!«. Le petit tableau a été peint par Marie-Thérèse que sa mère appelait tendrement Mimi; elle avait choisi comme modèle de la composition une gravure hollandaise. Elle s'est représentée tout à gauche menaçant son petit frère Ferdinand des verges. Marie-Antoinette montre enchantée sa nouvelle poupée tandis que le plus jeune, Maximilien-François, fait ses délices de pain d'épice. Le père sérieux et paisible et la mère résolue ne ressemblent en effet pas aux majestés impériales Romaines qui, en public, étaient soumises à une étiquette qui ne leur permettait ni de faire un pas librement ni de prononcer un mot sans contrainte.

## 34 Les archiduchesses Marie-Anne (1738–1789), Marie-Christine (1742–1798), Marie-Antoinette (1755–1793)

Une série de portraits des filles de Marie-Thérèse exécutés entre 1765 et 1767 orne aujourd'hui la chambre d'enfants qui faisait partie de l'appartement de l'impératrice Elisabeth. Comme le peintre de ces portraits en buste est inconnu, on lui a donné le nom de circonstance «Maître des portraits des archiduchesses». Marie-Thérèse avait une affection partculière pour l'aînée qui lui causa beaucoup de soucis; en effet, Marie-Anne était légèrement difforme et de santé fragile. Aussi, elle ne se consacra pas seulement à jouer du théâtre et à dessiner, mais aussi à la lecture et à faire collection de pièces de monnaies qu'elle cataloguait comme son père et son grand-père l'empereur Charles VI. En 1766, elle se décida à entrer comme abbesse au chapitre des Dames nobles de Prague. Nous avons déjà parlé des dons artistique de Marie-Christine. Ce fut la seule des filles à pouvoir se marier par amour, quoique seulement avec le deuxième candidat et uniquement en 1766 lorsque son père fut mort. Elle vécut quelques années à Presbourg avec son mari le prince saxon Albert, puis à partir de 1780, à Bruxelles. Ils créèrent ensemble cette magnifique collection qui aujourd'hui est nommé d'après lui, l'Albertina et jouit d'une réputation mondiale.

Marie-Antoinette passa à 15 ans de la chambre d'enfants presque bourgeoise de Vienne à la cour luxueuse et dépensière de Versailles. Cela causa bien des soucis à sa mère comme il ressort de bien des lettres d'admonition qu'elle lui écrivit. Sa beauté que le portrait de Schönbrunn nous laisse pressentir triompha pendant quelques années par trop insouciantes. Elle n'acquit que trop tard le sens des responsabilités et la grandeur de caractère, mais les conserva en prison et dans la mort sur l'échafaud où elle se montra digne de la grandeur de sa mère.

## 46, 72, 73 La Gloriette

Cette curieuse construction à colonnades néo-classique, au sommet de la colline de Schönbrunn, accroche les regards de celui qui pénètre dans le jardin; elle est aussi un «belvédère», donc un point de vue pour jouir du large panorama qu'on domine et que Fischer von Erlach avait primitivement destiné au château. La Gloriette a été seulement achevée en 1775 d'après les plans de l'architecte Ferdinand Hetzendorf von Hohenberg (1733–1816). Pour les colonnades on a employé, dit-on, des colonnes du château impérial situé sur la route militaire contre la Hongrie et qui fut plusieurs fois

Il padre di Maria Terese infatti non desiderava avere un genero che provenisse da una casa regnante in quanto ciò avrebbe potuto rappresentare un pericolo per i territori asburgici.

## 33 Ritratti «doppi» di Schönbrunn: gli arciduchi Carlo Giuseppe (1745–1761) e Pietro Leopoldo (1747–1792). L'arciduchessa Maria Cristina (1742–1798) e l'arciduca Pietro Leopoldo. Le arciduchesse Maria Giuseppina (1751–1767) e Maria Antonietta (1755–1793)

Si può affermare che in quasi tutte le stanze aperte ai visitatori si trovino dei quadri della famiglia imperiale. Colpisce il fatto che i bambini portino degli abiti da adulti: le ragazze hanno dei corsetti che segnano la vita, ampie scollature e gioielli, mentre i maschi hanno i capelli incipriati e portano la spada. E' spesso difficile definire l'età di queste creature. Gli abiti rispecchiano la moda della corte a quell'epoca. Carlo Giuseppe e Pietro Leopoldo ci appaiono nelle loro divise di comandanti di reggimento. Carlo, il secondogenito, per ragioni politiche, comandava infatti un reggimento ungherese di fanteria, mentre Pietro Leopoldo era corazziere, l'arma, per tradizione, più ambita. I ragazzi hanno rispettivamente quindici e tredici anni. L'altro «ritratto doppi» ci mostra il piccolo corazziere Pietro Leoplodo accanto alla sorellina di otto anni, Maria Cristina, che tiene in grembo un cagnolino bolognese.

Sul tavolo si può osservare un cappello da arciduca che sta a significare la Casa d'Austria. Entrambi i dipinti sono di Martin van Meytens, rispettivamente del 1759/60 e del 1750/51.

Verso la metà del secolo alcuni pittori francesi, tra questi Benevault, introdussero alla corte viennese il gusto parigino. Per esempio, il ritratto di Maria Giuseppina e di Maria Antonietta, oltre che a raffigurare le due sorelle, si sforza di inserirle in una tematica o in una atmosfera impersonale, caratteristica della corte. Certamente, ad una madre «impegnata» quale Maria Teresa piacevano molto di più i ritratti realistici di un Meytens. A detta della madre, la piccola Maria Giuseppina era già all'età di otto anni, una vittima della politica: «Sarei contenta se soltanto la bambina riuscisse a compiere il proprio dovere verso Dio e il marito, a costo anche della sua stessa felicità». Ma la sorte di Maria Cristina fu ben diversa. Proprio il giorno prima del matrimonio con il poco simpatico Re di Napoli, morì di vaiolo. Maria Antonietta, chiamata a Vienna Antonia, fu nel 1793 la vera vittima della politica. Quando era ragazzina, attraente e simpatica, fu più viziata delle altre sorelle. La giovane regina di Francia, che ebbe una vita così breve, fu in parte lei stessa colpevole del suo tremendo destino.

## 34 La festa di San Nicolò presso la famiglia imperale, intorno al 1760

Ancora nel XIX secolo c'era l'abitudine, a Vienna, di fare dei regali ai bambini solo il giorno di S. Nicolò. Nel XVIII secolo, in occasione del Natale, nelle famiglie borghesi, non si preparava l'albero e non ci si scambiavano i regali. La stessa abitudine vigeva per la famiglia imperiale. Il quadretto, per nulla regale, che raffigura la sera di S. Nicolò, è una preziosa testimonianza di questa consuetudine. Nell'educazione dei propri figli, Maria Teresa non lasciò mai posto alla superficialità e alla protervia, cosa che accadeva spesso alle corti principesche, ma si preoccupò affinchè i figli crescessero all'insegna della severità e dei sani principi borghesi. Una volta, una cameriera fece notare all'Imperatrice che i principe reali, un tempo, non venivano mai picchiati. Maria Teresa rispose: «E si sono visti i bei risultati.»

Faceva parte di un'educazione accurata, specialmente per quanto riguarda le ragazze, una seria cultura musicale ed artistica. Questo quadretto fu dipinto da Maria Cristina, Mimì, come la chiamava sua madre. Modello per questa composizione fu un' incisione olandese. A sinistra la ragazzina ha rappresentato se stessa nell'atto di minacciare con la verga il fratellino minore Ferdinando. Maria Antonietta mostra felice la sua nuova bambola, mentre il più piccolo dei fratelli, Massimiliano Francesco, mangia del panforte. Il padre, corpulento, dall'aria severa, e la madre, donna molta decisa, non assomigliano per nulla alle maestà del sacro-romano Impero, sottoposte, in pubblico, ad un rigido cerimonale, che non permetteva loro di fare un passo liberamente e che non consentiva loro una parola in più di quelle previste.

## 34 Le arciduchesse Maria Anna (1738–1789), Maria Cristina (1742–1798), Maria Antonietta (1755–1793)

Una serie di ritratti delle figlie di Maria Terese (degli anni 1765–1767) adorna le pareti della camera dei bambini nell'ala ovest. Questa stanza feceva parte degli appartamenti dell'imperatrice Elisabetta. L'autore dei ritratti, a mezzo busto, è ignoto; per questa ragione egli fu semplicemente chiamato «maestro dei ritratti delle arciduchesse». Maria Anna, la maggiore, nacque quando la madre era ancora arciduchessa; fu aparticolamente amata in quanto era malaticcia e aveva dei disturbi de la crescita. Si interessò molto al teatro e al disegno, leggeva con grande passione, raccoglieva e ordinava monete, interesse ereditato dal padre e dal nonno, l'imperatore Carlo VI. Nel 1766 divenne badessa del convento delle nobili dame di Praga. Finchè la madre fu viva abitò però lo più a Vienna. Si è già accennato al fatto che Maria Cristina avesse molta attitudine per l'arte. Fu l'unica a sposare l'uomo che amava, il secondo partito propostole. Il matrimonio avvenne nel 1766, cioè dopo la morte del padre. Visse col marito, il principe Alberto di Sassonia, per alcuni anni a Bratislava e poi, dal 1780, a Bruxelles. Insieme realizzarono quella meravigliosa collezione che va sotto il nome di «Albertina».

Maria Antonia si trasferì, all'età di quindici anni, dall'atmosfera quasi borghese della corte viennese a quella lussosa e sontuosa di Versailles. La madre era seriamente preoccupata di questo fatto, come testimoniano molte lettre scritte alla figliola. Per qualche anno spensierato la sua bellezza trionfò, come possiamo vedere dal ritratto di Schönbrunn. Troppo tardi Maria Antonietta divenne responsabile e rifessiva; tuttavia in prigione e in occasione della morte sul patibolo, si comportò come si addice alla figlia di una tale grande madre.

## 46, 72, 73 Die Gloriette

Die Gloriette ist ein merkwürdiger klassizistischer Kolonnadenbau, dem Namen nach ein „Ehrentempel", auf der Höhe des Schönbrunner Berges. Sie ist Blickfang für den, der das große Gartenparkett betritt, zugleich aber auch „Belvedere", also Aussichtspunkt, um den weiten, beherrschenden Blick zu genießen, den Johann Bernhard Fischer von Erlach dem ersten Schloßbau zugedacht hat. Die Gloriette wurde nach Plänen des Architekten Ferdinand Hetzendorf von Hohenberg (1733–1816) erst 1775 vollendet, als vorletzter Bau der Schönbrunner Gartenarchitektur. Für die Kolonnaden verwendete man angeblich Säulen des kaiserlichen Schlosses Neugebäude, welches an der Heerstraße gegen Ungarn lag und mehrmals, zuletzt während des Kuruczen-Aufstandes 1704, so beschädigt wurde, daß es dem Verfall preisgegeben war. Das Bauwerk ist nach allen Seiten offen, sodaß es das Raumerlebnis eines südländischen Tempels bietet. Stuck und Skulpturen im Inneren, meist von Benedikt Henrici, sind antiken Vorbildern nachempfunden.
Von den Trophäen, die Johann B. Hagenauer schuf, hieß es schon 1805 in einer Beschreibung Schönbrunns, ganz typisch für die sentimentale Naturschwärmerei, daß „ungeheure Waffenstücke hier, wo man ringsum nichts als die Segnungen des Friedens erblickt, nicht den besten Eindruck machen". – Ist es Ironie der Geschichte, daß auf der Gloriette im Jahre 1918 Maschinengewehre zur Fliegerabwehr aufgestellt wurden?

## 36, 37 Bilder aus dem Rösselzimmer

Im aristokratischen Leben der Barockzeit spielte das edle Pferd eine wichtige Rolle. Der kaiserliche Oberstallmeister und sein Amt verwalteten den Marstall – in Schönbrunn waren allein Stallungen für 400 Pferde vorgesehen –, die Gestüte und die Reitschulen, von denen die „Spanische" als einzigartige Institution noch heute besteht. Auch die Leib-, Gala-, Stadt-, Kutschier-, Jagd- und Reisewagen sowie die Hundemeuten unterstanden ihm und wurden von einem großen Personal betreut. Letztlich war er auch für den Ablauf der großen zeremoniellen Wagen- und Schlittenfahrten verantwortlich.
Die schönsten und besten Pferde wurden „porträtiert" und Gestüts- oder Pferdegalerien angelegt. Künstler, die sich als Pferde- und Hundemaler spezialisiert hatten, wie die niederländischen Brüder Hamilton, lebten als „Hoftiermaler" ausschließlich dieser Aufgabe. Porträts der Hofgesellschaft oder Darstellungen der Landschaft waren Sache anderer Spezialisten.
Die Bilder der vier Pferde – Hermoso, Excellente, General, Philosopho – wurden von Johann Georg Hamilton (1672–1737) um 1725 gemalt und später von Johann Christian Brand (1722–1795) mit einem Landschaftshintergrund versehen. Der Rappe Hermoso, das „Favorit–Reitpferd" Kaiser Karls VI., wird zu einem Prunksattel geführt; General, ein geapfelter Dunkelbrauner in der Piaffe, ist gemeinsam mit einem Reitknecht abgebildet, auf dessen Schulter eine Handdecke mit dem in Gold gestickten Monogramm Kaiser Karls VI. liegt; der Rappe Excellente und der Schimmel Philosopho posieren dem Maler in der Levade.
Die an der „Parforcejagd Kaiser Josephs I. in den Marchauen" beteiligten Damen der Hofgesellschaft kutschieren in graziöser Weise ihre zierlichen und eleganten zweirädrigen Cabriolets selbst – da es über Stock und Stein geht, eine Aufgabe, die einige Geschicklichkeit erforderte. Das Bild entstand um 1730, sein Urheber ist Philipp Ferdinand von Hamilton (1664–1750), vollendet wurde es durch Martin van Meytens im Jahr 1752.

## 38–39 Das Spiegelzimmer

Im Gundriß Fischers von Erlach (Seite 118) sehen wir zwei große Räume an der Gartenseite des Westflügels, von denen der eine später unterteilt wurde, der andere damals „Chambre à coucher" Kaiser Josephs I. hieß und seit Maria Theresias Zeiten „Spiegelzimmer" genannt wird. Die einheitliche weißgolden gefaßte Holzausstattung, die weißen Marmorkamine und die zwölf vergoldeten Bronzegirandolen entsprechen in ihren spielerischen Formen Pacassis Konzept einer Umgestaltung des Barockschlosses im Geschmack des Rokoko. Den weiß-goldenen Grundakkord beleben rotgepolsterte Hocker und Sessel sowie blauweißes, ostasiatisches Porzellan.
Das Kaiserpaar übersiedelte im Jahre 1747 in den Ostflügel des Schlosses und überließ die westlichen Räume der Prinzessin Charlotte von Lothringen, Schwester des Kaisers, die von 1745 bis 1754 in Wien lebte. Später gab hier Kaiserin Maria Josepha, die zweite Gemahlin Josephs II., Audienzen. Im 19. Jahrhundert fand das Spiegelzimmer als Speisesaal Verwendung.

## 40 Die Verleihung des Großkreuzes des St.-Stephans-Ordens an den Grafen Hatzfeld am 6. Mai 1764

Bis zum 18. Jahrhundert kannte man keine militärischen oder zivilen Verdienstorden. Maria Theresia hat durch die Stiftung des nach ihr benannten Militär-Maria-Theresien-Ordens im Jahre 1757 den ersten militärischen Verdienstorden geschaffen (vergleiche Seite 43), der überdies auch an Nichtadelige verliehen werden konnte. Sieben Jahre später hat sie anläßlich der Krönung ihres Sohnes Joseph zum Römisch-deutschen Kaiser auch einen zivilen Verdienstorden ins Leben gerufen, der nach König Stephan, dem heiligen Landespatron Ungarns, benannt wurde. Der Orden war allerdings noch in traditioneller Weise als Vereinigung gleichgestellter und gleichgesinnter Männer organisiert, mit Ordensstatuten, Ordensfunktionären und festlichem Ordenskostüm, das natürlich in den ungarischen Landesfarben grün-weiß-rot gehalten war. Auf dem Gemälde, das aus der Werkstatt Meytens' stammt, ist die feierliche erste Promotion vom 6. Mai 1764 dargestellt. Maria Theresia zeichnete als Königin von Ungarn vier Männer mit dem Großkreuz aus: nach dem ungarischen Primas Erzbischof Franz Barkóczy von Szala, dem ungarischen Palatin Graf Ludwig Ernst Batthyány und dem ungarischen Hofkanzler Graf Franz Esterházy erhält als einziger Nichtungar Graf Karl Friedrich Hatzfeld, Präsident der Hofkammer, das Großkreuz des Ordens. Kaiser Franz Stephan war an diesem Tag, der ganz der „ungarischen Reichshälfte" gehörte, im Zeremoniell gar nicht unterzubringen, weshalb er auf einem eigens errichteten Balkon inkognito zusehen mußte.

serves also as "belvedere", or a vantage point with the kind of commanding view that Fischer von Erlach had intended for the palace itself in his first design.
The Gloriette was built to the plans of the architect Ferdinand Hetzendorf von Hohenberg (1733–1816), and its completion in 1775 makes it the pentultimate addition to the garden layout. The columns of the colonnades are said to have been taken from the imperial palace Neugebäude, which lay on the military road to Hungary and was so badly damaged during the Kuruczen rebellion of 1704 that it was abandoned to ruin. The structure is open an all sides, giving it the expansiveness of a southern temple. The stucco-work and statues of the interior are mostly by Benedikt Henrici and modeled after antique prototypes.
In a description of Schönbrunn written in 1805, typical of the age in its sentimental and effusive attitude towards nature, it is said of the war trophies created by Johann B. Hagenauer that "the colossal implements of war gathered here, where all around one can see nothing but the blessings of peace, do not make the best impression". – Is it not an irony of history that anti-aircraft guns were placed atop the Gloriette in 1918?

## 36, 37 Paintings from the "Rössel" Room

The noble horse played an important role in the lives of baroque aristocrats. At Schönbrunn the outbuildings contained stalls for more than four hundred horses. The Headmaster of the Horse and other imperial equerries administered, in addition to the stables, the stud-farms and the riding schools, of which only the "Spanish" school still exists. Placed under him, too, were the hunting dogs, the attendants for all the carriages, as well as the coaches themselves: "Leib-, Gala-, Stadt-, Kutschier-, Jagd-, and Reisewagen". Lastly he was responsible for the discharge of the large ceremonial coaches and sleighs.
The best and most beautiful of the horses were "portrayed" and arranged in horse galleries. Artists who had specialized in the painting of horses and dogs, such as the Dutch brothers Hamilton, limited themselves exclusively to their chosen genre as "Painter of Animals to the Court". Portraits of courtly society or of landscapes were the respective domains of other artists.
The portraits of the four horses Hermoso, Excellente, General, and Philosopho were rendered by Johann Georg Hamilton (1672–1737) in 1725, with the backgrounds being furnished by the landscape painter Johann Christian Brand (1722–1795). The black Hermoso, the "favorite riding horse" of Emperor Karl VI, is being led to a dress saddle; the dark brown, dappled General is portrayed in the piaffe next to a groom shouldering a saddle-cloth with the golden brocade monogram of Karl VI; the black Excellente and the white Philosopho are decipted by the painter in the levade.
The ladies of the court participating in the "Battue-hunt of Emperor Joseph I in the March River Pastures" are shown driving their elegant little two-wheeled cabriolets themselves. The driving up hill and down dale required a good deal of skill. The painting was begun in 1730 by Philipp Ferdinand von Hamilton (1664–1750) and completed by Martin von Meytens in 1752.

## 38–39 The Mirror Room

Fischer von Erlach's ground plan includes two large rooms on the garden side of the west wing, one of which was later subdivided, while the other – once Joseph I's "chambre à coucher" – has been known as the "Mirror Room" since Maria Theresia's time. The playful forms described by the uniform white paneling with gold-leaf ornamentation, the white marble fireplaces and the twelve gilded bronze candelabra conform to Pacassi's ideas for the renovation of the baroque palace in the style of rococo. The basic white-and-gold pattern is varied and enlivened by the red upholstery of the chairs and stools and the blue-and-white East Asian porcelain.
The imperial couple moved into the east wing of the residence in 1747, leaving the west rooms they had vacated to Princess Charlotte von Lothringen, the Emperor's sister, who resided in Vienna from 1745 to 1754. It was later the audience-room of Empress Maria Josepha, the second wife of Joseph II. In the nineteenth century the Mirror Room was also used for dining.

## 40 The Awarding of the Grand Cross of the Order of St. Stephan to Count Hatzfeld on May 6, 1764.

Until the eighteenth century there were neither military nor civilian decorations. Maria Theresia founded the Military Order of Maria Theresia named after her in 1757 (see p 43), which could be awarded to commoners also. Seven years later, on the occasion of the investiture of her son, Joseph, as Holy Roman Emperor, she founded a civilian order named after King Stephan, the holy patron of Hungary. The order was organized along traditional lines as an association for men of common rank and outlook – with its own statutes, functionaries, and ceremonial costumes in the green, white, and red colors of Hungary. The painting, by the school of Meytens, depicts the first conferment of the decoration on the 6th of May, 1764. Maria Theresia, as the Queen of Hungary, distinguished four men with the Grand Cross: Primate Archbishop Franz Barkóczy von Szala; Paladin Count Ludwig Ernst Batthyány; Chancellor to the Court, Count Franz Esterházy; and Count Karl Friedrich Hatzfeld, President of the Exchequer, who was the only non-Hungarian to be decorated. Emperor Franz Stephan could not be included in the ceremony devoted entirely to the "Trans-Leithanian" half of the empire, for which reason he is shown as incognito spectator on a platform erected especially for the occasion.

## 40 Ladies' Carousel of the Vienna Court in the Winter Riding School on January 2, 1743

In the course of the first Silesian War, the allied troops of Bavaria, France, and Saxony conquered Bohemia in 1741 and occupied Prague. Maria Theresia's hereditary dominion was in dangerous jeopardy; the Bohemian crown already surmounted the head of a Wittelsbach enemy, Prince

dévasté, la dernière fois pendant la révolte des Kurucs de 1704 si bien qu'on l'avait laissé tomber en ruines. Le bâtiment est ouvert de tous les côtés de sorte qu'il nous donne l'impression d'être un temple méditerranéen. Les stucs et les sculptures de l'intérieur dûs pour la plupart à Benedikt Henrici, sont inspirés de mo dèles de l'Antiquité.
Des trophées créés par Johann B. Hagenauer, on disait déjà en 1805 dans une description de Schönbrunn tout à fait caractéristique de l'engouement sentimental pour la nature de l'époque que «des armes monstrueuses ici où on n'aperçoit autour de soi que les bénédictions de la paix ne donnent pas une bonne impression». – Est-ce une ironie de l'histoire qu'en 1918, on ait installé sur la Gloriette des mitrailleuses pour la défense antiaerienne?

## 36, 37 Tableaux du salon des Chevaux

Dans la vie aristocratique de l'époque baroque, le cheval jouait un rôle important. Le Grand Ecuyer impérial et son service dirigeaient les écuries de Mars – à Schönbrunn, seulement, on avait prévu des écuries pouvant abriter 400 chevaux –, les haras et les manèges dont «l'espagnol», institution unique existe encore de nos jours. Les voitures de même que les meutes de chiens étaient placées sous l'autorité du Grand Ecuyer. Enfin, le Grand Ecuyer était responsable du déroulement des grandes sorties de cérémonie en voiture et en traîneau.
Des «portraits» des chevaux les meilleurs et les plus beaux furent exécutés et des galeries de haras ou de chevaux furent créés. Les artistes qui s'étaient spécialisés dans la peinture des chevaux ou des chiens, comme les frères hollandais Hamilton, n'avaient comme «peintres animaliers de la cour» uniquement que cette tâche. Les portraits des courtisans ou les représentations de paysages étaient l'affaire d'autres spécialistes.
Les portraits des quatre chevaux – Hermoso, Excellente, General, Philisopho – ont été peints par Johann Georg Hamilton (1672–1737) vers 1725 et plus tard, par Johann Christian Brand (1722–1795) qui les a dotés d'un paysage à l'arrière-plan. Le moreau Hermoso, le «cheval favori» de l'empereur Charles VI, est mené vers une salle d'apparat; General, brun foncé pommelé, piaffe et est représenté avec son valet d'écurie qui porte sur l'épaule une couverture avec le monogramme de Charles VI brodé en or; le moreau Excellente et le pommelé Philosopho posent devant le peintre en exécutant une levade.
Les dames de la cour participant à la «chasse à courre de l'empereur Joseph Ier près de Marchegg» conduisent elles-mêmes avec grâce leur cabriolet à deux roues fin et élégant. Comme la chasse passe à travers champs, c'est une tâche qui exige une certaine adresse. Le tableau date de 1730; il a été commencé par Philippe Ferdinand von Hamilton (1664–1750) et terminé par Martin van Meytens en 1752.

## 38–39 La salle des Glaces

Sur le plan de Fischer von Erlach (page 118), nous voyons deux grandes pièces de l'aile ouest donnant sur le jardin; l'une fut divisée plus tard en deux, l'autre fut appelée alors «chambre à coucher» de l'empereur Joseph Ier et a été nommée depuis l'époque de Marie-Thérèse «la salle des Glaces». La décoration uniformément blanc et or, les cheminées de marbre blanc et les douze girandoles de bronze doré sont conformes par leurs formes enjouées à la conception de Pacassi lorsqu'il effectua des transformations dans le château baroque pour le mettre au goût du rococo. L'accord de base blanc or est égayé par des tabourets et des sièges rembourrés de couleur rouge de même que par de la porcelaine bleue et blanche de l'Asie orientale.
Le couple impérial déménagea en 1747 dans l'aile est du château. Plus tard, l'impératrice Marie-Josèphe, épouse de Joseph II, y donna des audiences. Au 19 ème siècle, la salle des Glaces fut utilisée comme salle à manger.

## 40 La remise de la grand'croix de l'ordre de Saint-Etienne au comte Hatzfeld, le mai 1764

Jusqu'au 18ème siècle, on ne connaissait aucun ordre du mérite qu'il fût militaire ou civil. C'est Marie-Thérèse qui, en fondant l'ordre militaire qui porte son nom en 1757, a créé le premier ordre du mérite militaire (voir page 43) qui pouvait être aussi décerné à des personnes d'origine roturière. Sept ans plus tard, à l'occasion du couronnement de son fils Joseph en tant qu'empereur Romain germanique, elle fonda également un ordre du mérite civil qui reçut son nom du saint patron de la Hongrie, le roi Etienne. Toutefois, l'ordre était encore organisé de manière traditionelle en tant que association d'hommes égaux et ayant les mêmes opinions, avec les statuts de l'ordre, les fonctionnaires de l'ordre et un costume solonnel de l'ordre dont les couleurs étaient naturellement celles de la Hongrie: vert, blanc, rouge.
Le tableau de l'atelier de Meytens représente la première investiture solennelle du 6 mai 1764. En tant que reine de Hongrie, Marie-Thérèse décora quatre hommes de la grand'croix: après le primat hongrois, l'archevêque Franz Barkóczy von Szala, le palatin hongrois, le comte Ludwig Ernst Batthiány et le chancelier hongrois de la cour, le comte Franz Esterházy, le comte Karl Friedrich Hatzfeld, président de la chambre aulique des comptes, est le seul non hongrois à recevoir la grand'croix de l'ordre. Ce jour-là qui appartenait tout entier à la «moitié hongroise du royaume», le protocole n'avait pas réussi à trouver une place à l'empereur François pour la cérémonie; c'est pourquoi, il dut y assister incognito d'un balcon érigé exprès pour lui.

## 40 Carrousel des dames de la cour de Vienne au manège d'hiver le 2 janvier 1743

Au cours de la première guerre de Silésie, les troupes bavaroises, françaises et saxonnes réunies avaient conquis la Bohême en novembre 1741 et occupé Prague. L'héritage de Marie-Thérèse était en grand danger. Un ennemi Wittelsbach, le prince électeur Charles-Albert de Bavière portait déjà la couronne de Bohême. L'année suivante, il devait même être couronné empereur! Aprés de telles hu-

## 46, 72, 73 La Gloriette

La Gloriette è uno strano colonnato classicheggiante, un «tempietto», che sorge sulle sommità della collina di Schönbrunn. Attira immediatamente l'attenzione di chi entra nel giardino del Castello; è contemporanemente un «belvedere» da dove si può godere di una vista meravigliosa ed ampia. Già Johann Bernhard Fischer von Erlach aveva in mente di realizzare un tale progetto.
La Gloriette fu costruita su disegno dell'architetto Ferdinando Hetzendorf von Hohenberg (1733–1816) e ultimata nel 1775, penultimo edificio che sorge nel giardino di Schönbrunn. Pare che per i colonnati siano state utilizzate le colonne del castello imperiale di «Neugebäude» situato sulle Heerstrasse in direzione dell'Ungheria. Questo castello, ridotto ormai ad un ammasso di rovine, fu diverse volte danneggiato; l'ultimo colpo glielo inferse la rivoluzione dei Curuczi nel 1704.
La Gloriette è aperta da ogni lato in modo da ricreare l'atmosfera di un tempio meridionale. Gli stucchi e le sculture, che si trovano all'interno, sono opera di Benedetto Henrici, che aveva tenuto presenti i modelli classici.
Opera di Johann B. Hagenauer sono i trofei, che ben esprimono l'amore sentimentale per la natura che era caratteristico di quell'epoca. A questo proposito è interessante riportare quanto è detto in una descrizione di Schönbrunn del 1805: «Le armi imponenti, collocate in un luogo dove regna la pace e la serenità, fanno un'impressione molto strana». Ironia della sorte: proprio in cima alla Gloriette fu installata, nel 1918, una postazione antiaerea.

## 36, 37 Dipinti della «stanza dei cavalli»

Nella vita artistocratica dell'epoca barocca il nobile cavallo aveva un ruolo assai importante. Il capostalliere imperiale e tutte le persone che lavoravano per lui erano responsabili delle stalle (a Schönbrunn c'era posto per 400 destrieri), delle scuderie, delle scuole di equitazione, tra cui quella «spagnola», che ancora oggi funziona. Di competenza del capostalliere erano anche le carrozze (quelle personali, da città, di gala, coperte, scoperte, da caccia, per i lunghi viaggi) e le mute dei cani. Egli si occupava di tutto questo con l'aiuto però di un numero cospicuo di collaboratori. Era anche responsabile dello svolgimento dei grandi viaggi di protocollo (cfr. pag. 45).
I migliori cavalli e anche i più belli venivano «ritratti», i dipinti trovavano posto in apposite gallerie. C'erano degli artisti specializzati nel dipingere cani e cavalli, per esempio i fratelli olandesi Hamilton che vivevano di questo lavoro e avevano il titolo di «pittori di corte per gli animali». Altri specialisti avevano il compito di ritrarre la corte o di dipingere il paesaggio.
I quadri dei quattro cavalli (Hermoso, Eccellente, Generale e Filosofo) sono opera di Giovanni Giorgio Hamilton (1672–1737), che li dipinse intorno al 1725. Giovanni Cristiano Brand (1722–1795) vi aggiunse, sullo sfondo, un paesaggio. Il morello Hermoso, il cavallo favorito di Carlo VI, è fornito di una splendida sella. Generale, un animale dal mantello marrone scuro in posizione di «Piaffe», invece è immortalato insieme ad uno scudiero sulla cui spalla è posata una coperta col monogramma, ricamato in oro, dell'imperatore Carlo VI. Il morello Eccelente e il cavallo bianco Filosofo posano per il pittore nella «Levade».
Le signore di corte che prendono parte alla «Caccia par force» dell'imperatore Giuseppe I nei boschi della March, guidano da sole ed modo molte grazioso, le loro eleganti carrozzelle a due ruote. E siccome la strada non era perfettamente piana, la dame, certamente, hanno avuto il loro bel daffare. Il quadro è del 1730, è stato iniziato da Filippo Ferdinando von Hamilton (1664–1750), ma lo ha terminato Martin van Meytens nell'anno 1752.

## 38–39 La stanza degli specchi

Nel progetto di Fischer von Erlach (pag. 118) vediamo due grandi locali nella parte verso il giardino dell'ala occidentale. Uno di questi locali fu diviso più tardi, l'altro prese il nome di «chambre à coucher». A partire dall'epoca di Maria Terese viene chiamato «stanza degli specchi».
Le pareti bianche e oro, ornate con decorazioni sovrapposte in legno, i camini di marmo bianco e i dodici candelieri in bronzo dorato rendono bene, grazie al loro manierismo, l'idea di Pacassi che intendeva trasformare il Castello, originariamente barocco, in uno di stile rococò.
Degli sgabelli e delle poltrone, rivestiti di tessuto rosso, e delle porcellane bianco-azzurre, provenienti dalla Cina orientale, movimentano il colore di base, bianco dorato. La coppia imperiale si trasferì nel 1747 nell'ala orientale del Castello e lasciò le stanze occidentali alla principessa Carlotta di Lotringia, sorella dell'Imperatore, che visse a Vienna dal 1745 al 1754. Più tardi l'imperatrice Maria Giuseppina, seconda moglie di Giuseppe II, utilizzò questa stanza per le udienze. Nel XIX secolo essa fu trasformata in stanza da pranzo.

## 40 Conferimento della grande croce dell'ordine di S. Stefano al conte Hatzfeld il 6 maggio 1764

Fino al XVIII secolo non si conoscevano gli ordini militari o civili. Si deve a Maria Terese l'istituzione, nel 1757, del primo ordine militare, chiamato appunto «ordine militare di Maria Teresa». (cfr. pag. 43). Questo poteva essere conferito anche a persone non nobili. Sette anni piú tardi Maria Teresa istituì anche un ordine civile in occasione dell'incoronazione di suo figlio Giuseppe a Imperatore del sacro romano impero germanico. Questo ordine prese il nome dal re Stefano, santo patrono dell'Ungheria. L'ordine era organizzato in modo tradizionale e cioé era conferito a persone dello stesso livello sociale, affini per idee. Vi erano degli statuti, dei funzionari, un abito particolare da indossare nelle occasioni ufficiali , che aveva naturalmente i colori nazionali, verde, bianco, e rosso. Nel dipinto, proveniente dalla scuola di Meytens, è rappresentato il primo solenne conferimento di questo ordine, avvenuto il 6 maggio 1764. Maria Teresa, regina d'Ungheria, insignisce quattro uomini della grande croce. Oltre al primate ungherese, arcivescove Francesco Barkóczy von Szala, al conte palatino ungherese Ludovice Ernesto Batthyány, e al cancelliere della corte ungherese, conte Esterházy, il conte Carlo Federico Hatzfeld, presidente della camera di corte, unico personaggio non ungherese, riceve l'ambita onorificienza.

## 40 Damenkarussell des Wiener Hofes in der Winterreitschule am 2. Jänner 1743

Im Verlauf des ersten Schlesischen Krieges hatten die vereinigten bayerischen, französischen und sächsischen Truppen im November 1741 Böhmen erobert und Prag besetzt. Maria Theresias Erbe war in höchster Gefahr, die Krone Böhmens trug bereits ein feindlicher Wittelsbacher, Kurfürst Karl Albrecht von Bayern. Im nächsten Jahr sollte er sogar zum Kaiser gekrönt werden! Nach solchen Demütigungen mußten die Siege, die die Österreicher in Bayern und Böhmen im Laufe des Jahres 1742 erfochten, das Herz Maria Theresias höher schlagen lassen. Als im Juli sogar mit der Belagerung Prags begonnen wurde, überlegte man in Wien bereits, wie der bevorstehende Sieg zu feiern wäre. Wochenlang probte Maria Theresia mit ihren Damen ein Karussell, das nach dem Abzug der Feinde aus Prag auch tatsächlich mit jener Mischung von Pracht und Grazie aufgeführt wurde, die für das Rokoko charakteristisch ist. In aller Eile hatte man reich verzierte Muschelwägelchen angefertigt, von denen einer in der Schönbrunner Wagenburg erhalten ist. Vier Quadrillen wurden aufgestellt, zwei gerittene mit Maria Theresia an der Spitze, und zwei gefahrene, mit Maria Theresias Schwester Maria Anna, geführt vom Prinzen Joseph von Sachsen-Hilburghausen im ersten Wagen. Bei der Aufführung galt es, seine Geschicklichkeit im Pistolenschießen, Pfeilwerfen, Lanzenstechen und vor allem im Reiten zu zeigen. Es fehlte nicht an spitzen Bemerkungen, daß der sportliche Ehrgeiz der Herrscherin dazu führte, daß „alle Weiber die Rage haben ihr nach zu ammen" und daß die „Frauen und Freilen (Fräulein) auf Männer-Art placiret" waren, und nicht „weiberisch" ritten.
In den Logen sitzen die verwitwete Kaiserin Elisabeth Christine, die Mutter Maria Theresias, und der Gemahl, Großherzog Franz Stephan, unter dem Reiterbildnis Kaiser Karls V. Es hängt heute noch an dieser Stelle.

## 41 Prinzengalawagen des Wiener Hofes vor dem Schloß Schönbrunn. Imperialwagen und Imperialzug

Das höfische Leben ist ohne Wagen und Schlitten ebensowenig vorstellbar wie ohne Pferde. Es gab sehr viele verschiedene Wagentypen, die den differenzierten Ansprüchen einer weithin luxuriös lebenden Gesellschaft entsprachen (vgl. Seite 45). Die beiden wichtigsten Typen von Gala- und Leibwagen waren die ältere Karosse und die jüngere Berline, die zuerst als wendiger Reisewagen gebaut wurde.
Die Schönbrunner Wagenburg bewahrt eine solche Karosse, den Imperialwagen, und mehrere Berlinen, die sogenannten Prinzengalawagen. Der Imperialwagen wurde vermutlich um 1763 als Zeremonienwagen für Kaiser Franz I. (1745–1765) gebaut und anläßlich der Frankfurter Krönung seines Sohnes Joseph II. im Jahr 1764 erstmals verwendet. Dessen Nachfolger in der Kaiserwürde haben ihn als Krönungswagen benützt. Als ranghöchste Staatskarosse des Hauses Österreich blieb er bis zum Jahre 1918 das prunkvolle Schaustück aller großen Feste. Der Wagenkasten ist mit acht allegorischen Gemälden von Franz X. Wagenschön geschmückt, die von üppigen Schnitzereien eingerahmt werden. Ein prachtvolles, rotsamtenes, goldgesticktes Prunkgeschirr für einen Achterzug Kladruber Schimmel läßt den Glanz der kaiserlichen Ausfahrten ahnen.
Die Prinzengalawagen wurden zwischen 1735 und 1750 gebaut, aber noch lange Zeit – einige bis 1916 – bei festlichen Anlässen verwendet.

## 35, 42–44, 47 Die Große Galerie und die Kleine Galerie

Die beiden Galerien, Herzstück des Umbaus, den Maria Theresia durch Pacassi durchführen ließ, konnten in verschiedenster Weise verwendet werden. Die Große Galerie, über 40 m lang und knapp 10 m breit, diente als Festsaal bei großen Empfängen und Bällen, gewöhnlich aber als erster Wartesaal (Antikammer), von dem man über die beiderseits gelegenen zweiten Antikammern in die Audienzräume geführt wurde. Die Kleine Galerie war der Schauplatz von Kinderfesten, Musikdarstellungen, Maskeraden und Spielen der großen Familie. Das heutige festliche Aussehen erhielten die beiden Galerien erst mit Fertigstellung der Fresken und Stukkaturen von G. Guglielmi bzw. Albert Bolla im Jahr 1761. Während die Gliederung des Raumes der Großen Galerie von mächtigen korinthischen Pilastern übernommen wird, fällt diese Aufgabe in der Kleinen Galerie vorspringenden Wandteilen zu, die nicht von Kapitälen abgeschlossen werden, sondern sich in fließenden Übergängen mit dem Gesims und den Bögen der Decke verbinden. Bemerkenswert ist die Farbigkeit der Räume: die bunte Deckenmalerei schwebt über einer flimmernden weißgoldenen Helligkeit, die durch die großen Kristallspiegel gesteigert und erweitert wird. Die vergoldeten Bronzegirandolen gehören zur originalen Ausstattung, die Luster traten erst während der Regierungszeit Kaiser Franz Josephs anstelle älterer und wurden um 1900 elektrifiziert.
Das mittlere Fresko veranschaulicht allegorisch die österreichischen Kronländer, die dem ganz natürlich dargestellten Herrscherpaar huldigen; die beiden seitlichen stellen die Werke des Krieges (mit Szenen aus dem Siebenjährigen Krieg) denen des Friedens (Kunst und Wissenschaft) gegenüber.

## 43 Bildnis der Kaiserin Maria Theresia im rosa Spitzenkleid

Schloß Schönbrunn wird meistens in einem Atemzug mit dem Namen Maria Theresia genannt. Tatsächlich hat sie Schönbrunn zum politischen und gesellschaftlichen Mittelpunkt der österreichischen Erbländer gemacht und ihm jene Bedeutung verliehen, die uns heute noch gegenwärtig ist. Die „Erste Dame Europas" tritt uns hier in einem kostbaren Kleid aus Brabanter Klöppelspitzen entgegen. Auf dem Tisch vor ihr liegen die heiligen Kronen Ungarns und Böhmens, mit denen sie gekrönt wurde, und als Zeichen ihrer höchsten Würde die Reichskrone, Insigne ihres Gatten Franz I. Als er 1745 zum Kaiser gewählt und gekrönt wurde, sagten die Leute: „Der Mann der Königin von Ungarn wird deutscher Kaiser." Sie ist also die „Augustissima", wie sie Graf Friedrich August Harrach, der böhmische Oberste Kanzler, nannte.

Elector Karl Albrecht of Bavaria. In a year he even intended to proclaim himself Emperor! After such humiliations, the Austrian victories won in Bavaria and Bohemia in 1742 must have relieved Maria Theresia immensely. When the siege of Prague was begun in July, it was already being deliberated in Vienna how best to celebrate the foreseeable victory. For weeks Maria Theresia and the ladies of the court rehearsed a carousel which, when Austria's enemies abandoned Prague, was actually performed with that mixture of grace and pomp characteristic of the rococo. In all haste lavish shell-work carriages (Muschelwägelchen) had been constructed, one of which is preserved in the Schönbrunn Coach Museum. Of the four quadrilles performed, two were ridden, with Maria Theresia at the fore, and two driven, with Maria Theresia's sister, Maria Anna, being driven by Prince Joseph von Sachsen-Hilburghausen in the first carriage. The performance was intended to demonstrate proficiency in pistol shooting, spear throwing, jousting and, above all, riding. There was no dearth of sarcastic remarks to the effect that the sporting ambitions of the sovereigness would "inflame the passions of all women to imitate her", or that the "ladies and maidens" were "mounted after the fashion of men" instead of in a more befitting, "womanly" manner.
Maria Theresia's mother, the widowed Empress Elisabeth Christine, and her husband, Grand Duke Franz Stephan, sit in the loge beneath the picture of Emperor Karl V on horseback, which still hangs there today.

## 41 Princely Gala Carriages of the Vienna Court in front of the Palace. The Imperial Coach and the Imperial Equipage.

Courtly life would be as unimaginable without carriages and sleighs as without horses. There were many different models of carriages or coaches corresponding to the differentiated needs of a class accustomed to luxury and extravagance (see p 45). The two most important types of both gala- and private coaches were the traditional "caroche" and the more recent "Berlin coach", which had first been conceived for travel.
The Schönbrunn Coach Museum houses one such caroche, or state coach – the "Imperialwagen" – and several Berlin coaches – the so-called "Prinzengalawagen". The Imperialwagen is believed to have been built in 1763 as a ceremonial coach for Emperor Franz I (1745–1765) and was used for the first time on the occasion of the coronation of his son, Joseph II, in Frankfurt in 1764. It was used as a coronation coach by all later successors to the imperial throne. The pinnacle in the hierarchy of the House of Austria's state coaches, it remained until 1918 the lavish showpiece of all large ceremonies.
The vehicle body is adorned with eight allegorical paintings by Franz X. Wagenschön, each framed by extravagant carvings. A magnificent harness of red velvet and gold brocade for a team of eight Kladruber white horses provides an inkling of the splendor of imperial outings.
The Prinzengalawagen were built between 1735 and 1750 but continued to be used, some as late as 1916, for years thereafter on ceremonial occasions.

## 35, 42–44, 47 The Great Gallery and the Small Gallery

The two galleries, the heart of the renovations Maria Theresia had carried out by Pacassi, had numerous uses. The Great Gallery, over forty meters long and ten meters wide, served as a festival hall for large receptions and balls. Otherwise it was employed as a waiting-room, or "anticamera", which opened into either of the two adjoining antechambers leading to the audience-room. The Small Gallery was used by the large imperial family for children's parties, music, masquerades and games. The present festive appearance of the galleries can be traced to the frescoes by G. Guglielmi and stucco-work by Albert Bolla completed in 1761. Whereas the Great Gallery is co-ordinated by powerful Corinthian pilasters, in the Small Gallery this function is assumed by projecting wall panels which, rather than being surmounted by capitals, gradually taper into the cornice and ceiling arches in a series of fluent transitions. The colorfulness of the rooms deserves remark: the multi-colored ceiling mural hovers above a scintillating pattern of white and gold intensified and extended by crystal mirrors. The gilded bronze candelabra are part of the original furnishings; the chandeliers replaced older ones during the reign of Emperor Franz Joseph and were electrified about 1900.
The middle fresco is an allegorical depiction of the Austrian crown-lands paying homage to the naturalistically portrayed sovereign couple. The two frescoes flanking it juxtapose military accomplishments (with scenes from the Seven Years War) to those of peace (art and science).

## 43 Portrait of Empress Maria Theresia in a Rose Lacework Gown

The Palace of Schönbrunn is mentioned almost always in connection to Maria Theresia. Indeed, it was she who made Schönbrunn the political and social hub of the Austrian dominions, thereby endowing it with a significance we can still sense today. The "First Lady of Europe" is depicted here in a costly gown of Brabanter bobbin-lacework. On the table before her are the Holy Diadems of Hungary and Bohemia, with which she was crowned, as well as the symbol of her rank and the insignia of her husband, the Imperial Crown. When Franz I was elected and crowned Emperor in 1745, it was said of him: "The husband of the Queen of Hungary has become the German Emperor." For that reason she was called the "Augustissima" by the First Chancellor of Bohemia, Count Friedrich August Harrach.

## 43 The Military Order of Maria Theresia Star

Much of Maria Theresia's reign was devoted to waging war. The troops of Austria were only barely able to repel King Friedrich II of Prussia's invasion. Silesia had to be ceded. One decade later the army was reformed and re-equipped in order to win back the lost territory: in the Seven Years War (1756–1763), Maria Theresia, this time with new allies, went for broke and finally lost a war she might nearly have won. Among the great individual battles decided for the Austrians were those at

miliations, les victoires que les Autrichiens remportèrent en Bavière et en Bohême au cours de l'année 1742 devaient enthousiasmer Marie-Thérèse. Lorsqu'en juillet le siège de Pague commença, on se demandait déjà à Vienne comment on pourrait fêter la victoire imminente. Pendant des semaines, Marie-Thérèse et ses dames répétèrent un carrousel qui fut finalement représenté après l'évacuation de Prague par les ennemis avec ce mélange de somptuosité et de grâce qui est caractéristique du rococo. On avait fabriqué en toute hâte des petites voitures richement ornées en forme de conque; on peut voir l'une d'elles au Musée des Voitures de Schönbrunn. On avait formé quatre quadrilles, deux à cheval avec Marie-Thérèse en tête et deux en voiture avec Marie-Anne la sœur de Marie-Thérèse, menés par le prince Joseph de Saxe-Hilburghausen dans la première voiture. Au cours de la représentation, il fallait faire preuve d'adresse dans le tir au pistolet, le lancer de flèches, en joute et surtout en équitation. Il ne manqua pas de remarques acerbes au sujet de l'ambition sportive de la souveraine qui menait à ce que «toutes les femmes aient la rage de l'imiter» et que les «femmes et jeunes filles chevauchaient comme des hommes» et non de manière «féminine». La mère de Marie-Thérèse, l'impératrice veuve Elisabeth-Christine, et son époux, le grand-duc François étaient assis dans les loges sous le portrait équestre de l'empereur Charles-Quint qui, aujourd'hui encore, est suspendu à cet endroit.

## 41 Les carrosses princiers de gala de la cour de Vienne devant le château de Schönbrunn. Le carrosse impérial et l'attelage impérial

On ne peut se représenter la vie à la cour sans carrosses, sans traîneaux ou sans chevaux. Il y avait de très nombreux types différents de carrosses. Les deux types les plus importants pour les carrosses de gala et les voitures personnelles étaient l'ancien carrosse et la berline plus nouvelle qui fut d'abord construite comme luxueuse voiture de voyage.
Le Musé des Voitures de Schönbrunn possède un tel carrosse, le carrosse impérial et plusieurs berlines, dites carrosses princiers de gala. Le carrosse impérial a été probablement construit vers 1763 comme carrosse de cérémonie pour l'empereur François Ier (1745–1765) et employé pour la première fois à l'occasion du couronnement de son fils Joseph II à Francfort en 1764. Il servit de carrosse du couronnement à ses successeurs impériaux. Il resta jusqu'en 1918 un magnifique objet de curiosité dans toutes les grandes fêtes; c'était «le carrosse officiel» de la maison d'Autriche. Les parois de la voiture sont ornées de huit peintures allégoriques de Franz X. Wagenschön, encadrées de riches sculptures en bois. De magnifiques harnais d'apparat en velours rouge brodé d'or pour un attelage de huit chevaux pommelés de Kladruby nous laisse pressentir l'éclat des sorties en carrosse impériales. Les carrosses princiers de gala ont été construits entre 1735 et 1750 mais employés encore très longtemps – certains jusqu'en 1916 – dans les occasions sólennelles.

## 35, 42–44, 47 La Grande Galerie et la Petite Galerie

Les deux galeries, cœur de la partie u château que Marie-Thérèse fit transformer par Pacassi, pouvaient être employées des façons les plus différentes. Les Grande Galerie de plus de 40 m de long et d'à peine 10 m de large servait de salle des fêtes pour les grandes réceptions et les bals, mais habituellement, de première salle d'attente (antichambre) d'où l'on était conduit dans les salles d'audience. La Petite Galeries était la scène de fêtes enfantines, de représentations musicales, de masquerades et de jeux familiaux. Les deux galeries prirent leur aspect solonnel actuel lors de l'achèvement des fresques et des stucs de G. Guglielmi et d'Albert Bolla en 1761. Les couleurs des pièces sont remarquables. Les fresques multicolores du plafond planent au-dessus d'une clarté éblouissante de blanc et d'or qui est augmentée et amplifée par les grandes glaces en cristal. Les girandoles de bronze doré font partie de la décoration originale; les lustres ont été installés seulement pendant le règne de François-Joseph à la place de plus anciens et ont été électrifiés vers 1900. La fresque centrale représente une allégorie des états héréditaires autrichiens qui rendent tout naturellement hommage aux souverains représentés; les deux fresques latérales confrontent la guerre (avec des scènes de la guerre de Sept ans) aux bienfaits de la paix: art et sciences.

## 43 Portrait de l'impératrice Marie-Thérèse en robe de dentelles rose

La plupart du temps, on homme d'un trait le château de Schönbrunn et Marie-Thérèse. C'est qu'effectivement elle a fait de Schönbrunn le centre politique et mondain des états héréditaires autrichiens et lui a conféré cette importance qui nous est encore sensible aujourd'hui. La «première dame de l'Europe» nous apparait ici dans une robe précieuse de dentelle aux fuseaux du Brabant. Sur la table devant elle sont posées les saintes couronnes de Hongrie et de Bohême dont elle fut couronnée et, en tant que marque de sa plus haute dignité, la couronne impériale, insigne de son époux François Ier. Lorsqu'il fut élu et couronné empereur en 1745, on dit: «Le mari de la reine de Hongrie devient empereur allemand». Marie-Thérèse est aussi l'«Augustissima» comme la nommait le chancelier de Bohême, le comte Friedrich August Harrach.

## 43 L'étoile de l'ordre militaire de Marie-Thérèse

Marie-Thérèse fit la guerre pendant bien des années de son règne. Par un dernier effort, les troupes autrichiennes repoussèrent l'attaque par surprise du roi de Prusse, Fréderic II; la Silésie fut perdue. Pendant une dizaine d'années, l'armée fut réformée et armée pour regagner la Silésie: pendant la guerre de Sept ans (1756–1763), Marie-Thérèse misa de nouveau tout sur une carte avec de nouveaux alliés et perdit finalement une guerre déjà presque gagnée. Parmi les grandes victoires remportées par les Autrichiens, nous citerons celles de Kolin le 18 juin 1757 et de Kunersdorf (comparer 26, 27). La journée de Kolin fut désignée par l'impératrice dans une lettre au feld-maréchal comte Leopold Daun victorieux (1705–1766) comme le «jour de la naissance de la monarchie» et elle fonda l'ordre militaire de Marie-Thérèse. Son beau-frère Charles de Lorraine et Daun furent les premiers

Dal punto di vista del cerimoniale era molto difficile poter dare una collocazione adeguata all'imperatore Francesco Stefano che rappresentava «la metà ungherese» del regno di Maria Teresa. Si costruí un apposito balcone dal quale l'Imperatore potesse seguire, in incognito, la cerimonia.

## 40 Dame della corte viennese nella scuola di equitazione invernale il 2 gennaio 1743

Durante la prima guerra slesiana le truppe alleate bavaresi, francesi e sassoni avevano conquistato, nel novembre 1741, la Boemia ed avevano occupato Praga. I territori ereditati da Maria Teresa correvano un grandissimo pericolo. La corona di Boemia era caduta nelle mani del principe elettorale Carlo Albrecht di Bavaria, della casa Wittelsbach, grande nemico dell'Imperatrice d'Austria.
L'anno seguente questi sarebbe stato persino incoronato imperatore! Dopo queste umiliazioni, le vittorie degli Austriaci in Bavaria e in Boemia, ottenute gloriosamente nel 1742, avevano dato nuovo coraggio a Maria Teresa. Nel mese di luglio, quando cominciò l'assedio di Praga, a Vienna si valutò la possibilità di festeggiare l'imminente vittoria. Per intere settimane Maria Teresa fece le prove con le sue dame, per realizzare un corteo a cavallo, che ebbe poi luogo, in effetti, dopo il ritiro del nemico da Praga. L'avvenimento fu festeggiato con quello sfarzo e quella grazia che sono così caratteristici del Rococò. In tutta fretta furono costruite delle carrozzelle a forma di conchiglia; se ne può ammirare ancora oggi una nel museo delle carrozze di Schönbrunn (Wagenburg).
Furono organizzate quattro quadriglie. In due i partecipanti erano a cavallo, con i testa Maria Teresa; nella altre due, invece, le persone erano in carrozza e, nella prima di queste, guidata dal principe Guiseppe von Sachsen-Hilburghausen, si trovava Maria Anna, sorella di Maria Teresa. Era importante mostrare la propria abilità nell'uso della pistola, nel lancio della freccia e dell'asta, ma soprattutto nel cavalcare. Qualcuno, acido, ebbe a osservare: «L'ambizione sportiva dell'Imperatrice spinge le signore a fare altrettanto». E ancora: «Le signore e signorine usano, a cavallo, la posizione maschile e non quella femminile».
Nelle logge, al di sotto del quadro equestre dell'imperatore Carlo V, hanno preso posto l'imperatrice Maria Cristina, ormai vedova, madre di Maria Teresa, e il marito di quest'ultima, granduca Francesco Stefano. Il quadro dell'imperatore Carlo V è ancor oggi al medesimo posto.

## 41 Carrozza principesca di gala alla corte di Vienna davanti al castello

La vita di corte è immaginabile senza carrozze e senza slitte e, tanto meno, senza cavalli. C'erano molti tipi di carrozze, per ogni esigenza di una società che viveva in modo lussuoso (cfr. pag. 45). I tipi più importanti erano la carrozza, di vecchia data, e la berlina, di invenzione più recente che, in quanto più maneggevole, in origine serviva solo come carrozza da viaggio. Il museo delle carrozze (Wagenburg) di Schönbrunn raccoglie la carrozza, detta imperiale, e diverse berline, dette anche carrozze principesche di gala. La carrozza imperiale fu costruita probabilmente attorno al 1763 per l'imperatore Francesco I (1745–1765) e fu usata, per la prima volta, nel 1764, in occasione dell'incoronazione, a Francoforte, di suo figlio Giuseppe II. Successivi imperatori la useranno sempre in occasione della loro incoronazione. La carrozza imperiale rimase fino al 1918 il pezzo più lussuoso della Casa d'Austria, durante le grandi feste ufficiali. La cassa della carrozza è decorata con otto dipinti allegorici, opera di Francesco X. Wagenschön, cui fanno da cornice ricchi lavori di intaglio. I finimenti sontuosi, in velluto rosso, ricamati in oro per un tiro di otto cavalli bianchi «Kladruber», ci dà un'idea dello splendore delle gite imperiali. Le carrozze principesche di gala furono costruite tra il 1735 e il 1750, furono usate a lungo, alcune fino al 1916, in occasioni solenni.

## 35, 42–44, 47 La grande galleria e la piccola galleria

Entrambe la gallerie, cuore di Schönbrunn, voluto da Maria Teresa quando affidò a Pacassi la rielaborazione del progetto del Castello, venivano variamente utilizzate. La grande galleria (più di 40 m di lunghezza e 10 m circa di larghezza) serviva come salone di rappresentanza durante i ricevimenti e le feste. Di solito però era la prima anticamera (ne seguivano altre due) che conduceva nelle sale delle udienze. La piccola galleria veniva adibita a feste per i bambini, a rappresentazioni musicali, a mascherate a, ai giochi della famiglia. Entrambe le gallerie debbono il loro aspetto cosí imponente agli affreschi e agli stucchi rispettivamente di G. Guglielmi e Alberto Bolla. Queste decorazioni furono ultimate nel 1761. La grande galleria è suddivisa da potenti colonne corinzie; per la piccola galleria invece sono state utilizzate delle mezze pareti che non si conchiudono con capitelli, ma che sono armonicamente collegate al soffitto grazie ad archi ed a cornicioni. Si noti la ricchezza dei colori di questi ambienti: gli affreschi del soffitto, cosí variopinti, sovrastano il bianco e oro splendente, che ottiene particolare spicco e risalto grazie a grandi specchi di cristallo. I candelieri in bronzo dorato fanno parte dell'arredamento originale, mentre i lampadari, che funzionano a luce elettrica, hanno sostituito, intorno al 1900, i precedenti, più antichi.
L'affresco centrale rappresenta allegoricamente i territori della corona austriaca, che rendono omaggio alla coppia imperiale mentre i due affreschi laterali raffigurano i fatti di guerra dei Sette Anni e i fatti di pace (arte e scienza).

## 43 Ritratto dell'imperatrice Maria Teresa in abito di pizzo rosa

Il castello di Schönbrunn e il nome di Maria Teresa sono, per così dire, sinonimi. Infatti il castello di Schönbrunn divenne, in quel periodo, il centro politico e mondano dei territori austriaci, e in questo modo acquistò quella grandissima importanza di cui si fregia ancor oggi. La «prima dama d'Europa» è raffigurata in uno splendido abito di tombolo, tipico del Brabante. Sul tavolino sono poggiate le corone di Ungheria e di Boemia, con le quali fu incoronata, e, come segno della sua massima dignità, la corona del regno, insegna del marito Francesco I. Nel 1745, quando questi fu incoronato imperatore, la gente disse: «Il marito della regina di Ungheria diventa imperatore germanico». Maria Teresa è dunque la «augustissima»; così la definí il conte Frederico Augusto Harrach, massimo cancelliere di Boemia.

## 43 Der Stern des Militär-Maria-Theresien-Ordens

Viele Jahre ihrer Regierungszeit führte Maria Theresia Krieg. Den Überfall des Preußenkönigs Friedrich II. konnten die österreichischen Truppen mit letzter Kraft zurückschlagen; Schlesien ging verloren. Ein Jahrzehnt lang wurde das Heer reformiert und gerüstet, um Schlesien zurückzugewinnen: im Siebenjährigen Krieg (1756–1763) setzte Maria Theresia mit neuen Verbündeten nochmals alles auf eine Karte und verlor zuletzt einen schon fast gewonnenen Krieg. Zu den großen Einzelsiegen der Österreicher zählen jene von Kolin am 18. Juni 1757 und Kunersdorf (vgl. 26, 27). Den Tag von Kolin bezeichnete die Kaiserin in einem Brief an den siegreichen Feldmarschall Leopold Graf Daun (1705–1766) als „Geburtstag der Monarchie" und stiftete den Militär-Maria-Theresien-Orden. Als erste erhielten ihn Daun und ihr Schwager Karl von Lothringen. Dennoch stand dieser Verdienstorden allen „Oberofficiers von dem höchsten bis zum niedrigsten, mithin inclusive der Fähndriche, ohne auf ihre Religion, Rang, Geburt und Dienstjahre im mindesten zurük zu sehen" offen. Nahezu ein Drittel jener Offiziere, die später Theresien-Ritter werden sollten, waren dann auch wirklich bürgerlicher Abstammung.

## 45 Öffentlicher Einzug der Prinzessin Isabella von Parma als Braut des Erzherzogs Joseph II. in Wien, 1760

Das Gemälde gehört mit vier weiteren zu einer Serie, die das große Fest der Vermählung der Häuser Habsburg und Bourbon festhalten sollte. Schon während ihres Entstehens waren die Gemälde eine Sensation ob ihres Formats und ihrer Detailtreue. Vor der imaginären Kulisse der Gebäude der heutigen Augustinerstraße stellt Meytens den feierlichen Einzug der Braut des zukünftigen Kaisers dar. Ganz rechts ist eine der beiden Triumphpforten am Ende des Kohlmarktes zu erkennen, die andere, am Stock-im-Eisen-Platz, stellte Meytens auf das große freie Feld, das er zur Darstellung der prunkvollen Auffahrt der 94 sechsspännigen Wagen benötigte. Die silber-blaue Karosse der Braut wird von der Schweizer Garde begleitet, dem Brautwagen voraus fährt der Brautbotschafter Fürst Joseph Wenzel von Liechtenstein im heute noch erhaltenen „Goldenen Wagen". Die Notzeit des Siebenjährigen Krieges hinderte die Kaiserin nicht daran, die Heirat des ältesten Sohnes mit großer Pracht zu feiern – wenn auch zum erheblichen Teil auf Kosten des Fürsten Liechtenstein.

## 49–51 Das ovale und das runde chinesische Kabinett

Die chinesischen Kabinette schmiegen sich zu beiden Seiten der Kleinen Galerie in die Rundungen des Mittelrisalits. Porzellan und Lackarbeiten, die kostbaren ostasiatischen Lieblinge der fürstlichen Wohnkultur des 18. Jahrhunderts, sind in diesen beiden intimen Räumen zu einer bezaubernden Einheit mit der europäischen Rokokodekoration verschmolzen. In die weiße Holzvertäfelung (Boiserie) sind die schwarz-goldenen Laque-Tafeln eingelassen. Aus den Stegen und Ornamenten ihrer vergoldeten Umrahmungen wachsen kleine Konsolen, auf denen weiß-blaues Porzellan steht. Große japanische Porzellanvasen mit herrlichem blau-rotem Dekor stehen auf dem eingelegten Fußboden. Die Rocaillen, Blumenranken und Zweige der Rahmungen von Tafeln und Spiegeln wiederholen sich im Fries, der flachen Kuppel. Die emaillierten Beleuchtungskörper sind eine Wiener Arbeit.
Zum westlichen, runden Kabinett gab es zu Maria Theresias Zeit einen Speisenaufzug, um unbelauschte Gespräche führen zu können. Nach solchen kleinen Konferenzen blieb die Kaiserin gerne beim Kartenspiel sitzen. Die hohen Einsätze, um die sie vor allem beim „Pharao" spielte, wurden sogar vom Kaiser kritisiert.

## 52–53 Das Vieux-Laque-Zimmer

Auch im Vieux-Laque-Zimmer sind ostasiatische Lacktafeln in die dunkelbraune Nußholzvertäfelung eingesetzt. Bis zur Decke reichen die schweren Dekorationen und auch in den vergoldeten Stuck-Kartuschen und in den Festons, die zwischen diesen zu hängen scheinen, sind Lacktafeln oder kleine runde Ausschnitte daraus eingefügt. Den Entwurf für diese ebenso einheitliche wie prächtige Raumgestaltung lieferte der französische Architekt Isidor Canevale im Jahre 1770, unmittelbar nachdem die Tafeln um 12.869 Gulden gekauft worden waren. Die Schnitzereien stammen von J. G. Leithner. Der Unterschied zwischen den spielerisch leichten Dekorationen der chinesischen Kabinette sowie der Galerien und den schweren, kompakten Rahmungen, den Kränzen, Maschen und Zöpfen in diesem Raum ist auf den ersten Blick erkennbar. Die Rokokozeit geht ihrem Ende zu.
Von Anfang an war geplant, in drei Wände dieses Raumes qualitätsvolle Familienbilder einzulassen, für die an zwei berühmte Maler der Zeit, Pompeo Batoni und Anton von Maron, die Aufträge ergangen waren. Das Porträt des Stammvaters des Hauses Habsburg-Lothringen, Kaiser Franz I. Stephan, wurde von Pompeo Batoni im Jahre 1772 (also posthum) in Rom gemalt. Der Künstler war ein Freund und Gesinnungsgenosse Winckelmanns und einer der gefeiertesten Maler des Klassizismus. Sein Doppelbildnis der Söhne Joseph und Leopold (Seite 54) hatte 1769 bei Maria Theresia so große Begeisterung hervorgerufen, daß sie eine zweite Fassung für Schönbrunn und auch ein Porträt des 1765 verstorbenen Kaisers in Auftrag gab. Die Arbeiten an dem Raum konnten wohl erst abgeschlossen werden, nachdem das letzte der Gemälde aus Rom eingetroffen war, also frühestens 1773. Maria Theresia hat den beiden Malern insgesamt 8287 Gulden ausbezahlen lassen.

## 54 Gruppenbildnis mit der Großherzogin Maria Ludovica von Toskana mit ihren ältesten Kindern, um 1770
## Doppelbildnis Kaiser Josephs II. und seines Bruders Großherzog Peter Leopolds von Toskana, 1769

Diese beiden Familienbilder im Vieux-Laque-Zimmer hängen einander gegenüber, das lebensvolle Bild Franz Stephans gleichsam flankierend. Dieser drei Gemälde wegen, entstanden zwischen 1769 und 1773, liebte Maria Theresia das Zimmer besonders. Sind doch ihr verstorbener Gatte, der „einzig Geliebte", die beiden hochbegabten Söhne, denen die Zukunft anvertraut war, und – auf dem Bild

Kolin on the 18th of June 1757, and at Kunersdorf (see 26, 27). In a letter to the victorious Field Marshal Leopold Count Daun (1705–1766), Maria Theresia christened the Battle of Kolin the "birthday of the monarchy" and subsequently founded the Military Order named after her. Its first recipients were Daun and his brother-in-law, Karl von Lothringen. Nevertheless the distinction was open to all "commissioned officers irrespective of rank and including ensigns, and without regard to religion, rank, origins, or years of service". Almost one third of the officers who were honored as Knights of Theresia were of middle-class origins.

## 45 The Public Procession in Vienna of Princess Isabella of Parma as the Bride of Archduke Joseph II, in 1760.

The painting, along with four other ones, was part of a series intended to commemmorate the union of the House of Habsburg and Bourbon. Even before their completion the works were regarded as sensations due to the size of the canvases and the attention to detail. Meytens has depicted the ceremonial procession of the bride of the future emperor in front of the backdrop formed by the then imaginary building facades of today's Augustiner Street. At the far right one of the triumphal arches at the end of the Kohlmarkt can be recognized; the other one, at Stock-im-Eisen Square, was placed by Meytens in the large expanse that he needed for the representation of a procession consisting of ninety-four carriages drawn by teams of six horses. The silver-and-blue state coach of the bride is being accompanied by the Swiss Guard, preceded by Bridal Ambassador Prince Joseph Wenzel von Liechtenstein in the "Golden Coach" still preserved today. The Seven Years War did not prevent the Empress from celebrating the marriage of her oldest son in a lavish manner hardly consistent with the rigors of war – even if a large portion of the costs were borne by the Prince of Liechtenstein.

## 49–51 The Oval and the Round Chinese Room

The Chinese rooms are nestled up against either side of the Small Gallery in the curved portions of the middle risalit (projection). Here fine porcelain and lacquer-work, the two costly East Asian favorites of princely eighteenth century furnishings, have been blended with European rococo decorations into a bewitching harmony. The black-and-gold lacquer panels are set into the white woodwork. Small consoles project from the fillets and gilt ornamentation, atop which blue-and-white china rests. Large Japanese vases of blue-and-red design grace the intarsia floor. The rocailles (shell-ornamentation), flower tendrils and branches framing the tables and mirrors are repeated in the frieze extending along the base of the flat cupola ceiling.
In Maria Theresia's time there was a service-lift to the round room on the western side, to reduce the possibility of eavesdropping. Following such private conferences, the Empress was wont to play cards. The size of the stakes, especially when she played "pharao", elicited the criticism of even the Emperor.

## 52–53 The Vieux-Laque Room

In the Vieux-Laque Room, East Asian lacquer panels have been set into the brown walnut paneling. The heavy decorations extend all the way to the ceiling, with lacquer panels or small round sections thereof inserted into the stucco cartouches (scroll-work tablets) and festoons (garlands) seemingly suspended between them. The design for the uniformly sumptuous furnishings was drafted by the French architect, Isidor Canevale, in 1770, immediately after the purchase of the panels for 12,869 Gulden. The carvings are the work of J. G. Leithner. The difference of the playfully light decorations of the Chinese Rooms and the Galleries to this room's heavy, compact frames, wreathes, bows and plaits is readily apparent. The Rococo was nearing an end.
It had been planned from the beginning to furnish three walls of the room with high-quality family portraits, for which two famous contemporary painters, Pompeo Batoni and Anton von Maron, were commissioned. The portrait of the House of Habsburg-Lothringen's progenitor, Emperor Franz I Stephan, was created posthumously by Pompeo Batoni in Rome in 1772. The artist was a friend and adherent of Winckelmann's, and one of the most celebrated neo-classical painters. His double-portrait of Maria Theresia's sons, Joseph and Leopold (p 54), evinced so much enthusiasm in 1769 that she commissioned a second version for Schönbrunn in addition to a portrait of her husband, who had died in 1765. The furnishings of the room could not be completed until the last painting had arrived from Rome in 1773. Maria Theresia paid both artists a total of 8,287 Gulden. As examples of early classicism, they are cool contrasts to the pomp of the interior and announce the impending change of style.

## 54 Group Portrait of Grand Duchess Maria Ludovica of Tuscany and her Oldest Children, about 1770.
## Double-Portrait of Emperor Joseph II and his Brother, Grand Duke Peter Leopold of Tuscany, 1769.

These two family portraits in the Vieux-Laque Room hang opposite to one another and flank the animated depiction of Franz Stephan. Maria Theresia was partial to the room precisely on account of these three paintings completed between 1769 and 1773. They do depict, after all, her deceased husband and "only beloved", both highly talented sons to whom the future would be entrusted, and – in Anton Maron's portrait – the first grandson on the lap of her daughter-in-law! In order to make her happiness at the birth of Franz (1768) known to all Vienna, she attended a performance in the "Hofburg" Theater for the first time since the death of her husband.
The painting of the two brothers in Rome was admired even then for its naturalistic portrayal of the brothers' reunion. Unfortunately, the original was lost after the end of the Second World War and had to be replaced with a copy. Pictured here is the original of 1769.

décorés. Cependant cet ordre du mérite pouvait être décerné aux «officiers supérieurs du rang le plus élevé au moins élevé, y compris les aspirants, sans faire aucune distinction de religion, de rang, de naissance ni d'années de service». Presque un tiers des officiers qui devaient plus tard devenir chevaliers de l'ordre de Marie-Thérèse étaient vraiment d'origine bourgeoise.

## 45 Entrés solennelle de la princesse Isabelle de Parme comme fiancée de l'archiduc Joseph II à Vienne en 1760

Le tableau fait partie d'une série de qutre autres qui devaient fixer par l'image la grande fête de l'alliance entre les maisons de Habsbourg et de Bourbon. Meytens représente l'entrée solonnelle de la fiancée du futur empereur. Tout à droite, on reconnait l'une des deux portes triomphales à l'extrémité du Kohlmarkt; l'autre, à la place Stock-im-Eisen, fut placée par Meytens sur le grand champ libre dont il avait besoin pour représenter le magnifique défilé des 94 carrosses. Le carrosse bleu et argent de la fiancée est accompagnée par la garde Suisse; le carrosse du fiancé est précédé par le «carrosse doré» qui existe encore aujourd'hui du prince Joseph Wenzel de Liechtenstein, l'ambassadeur de la fiancée. En dépit de l'époque de crise de la guerre de Sept ans, l'impératrice ne voulut pas renoncer à fêter le mariage de son fils aîné avec une pompe qui n'était que difficilement conciliable avec la gravité de la situation – même si une considérable partie des frais était payée par le prince de Liechtenstein.

## 49–51 Les cabinets chinois ovale et rond

Les cabinets chinois sont situés des deux côtés de la Petite Galerie. La porcelaine et les ouvrages de laque précieux de l'Asie orientale, forment avec la décoration rococo européenne de ces deux pièces intimes un ensemble ravissant. Dans la boiserie blanche on a encastré des plaques de laque noir et or. Des moulures et ornements de leur cadre doré sortent de petites consoles sur lesquelles la porcelaine bleue et blanche est posée. De grands vases de porcelaine japonais au magnifique décor bleu et rouge sont posés à même le parquet en marqueterie. Le lustre et les candélabres sont des ouvrages viennois.
A l'époque de Marie-Thérèse, le cabinet rond de l'ouest disposait d'un monte-plats, ce qui permettait de pouvoir mener des conversations loin des oreilles indiscrètes. Après de telles petites conférences, l'impératrice restait volontiers assise pour jouer aux cartes. Elle jouait gros jeu, surtout au «pharaon», ce qui lui valut même les critiques de l'empereur.

## 52/53 Le salon Vieux-Laque

On a également encastré des panneaux de laque d'Asie orientale dans la boiserie en noyer brun foncé du salon Vieux-Laque. C'est l'architecte français Isidore Canevale qui dessina la décoration ussi uniforme que magnifique de ce salon immédiatement après que les panneaux aient été achetés pour 12.689 florins. Les sculptures sur bois sont dûes à J. G. Leithner. On reconnait du premier coup d'œil la différence entre les décorations légères et enjouées des cabinets chinois de même que des galeries et les encadrements lourds et compacts, les couronnes, les nœuds et les tresses de cette pièce. L'époque rococo tire vers sa fin.
Dès le début, on avait prévu de suspendre sur trois murs de cette pièce des tableaux de famille de qualité qu'on avait commandés à deux peintres célèbres de l'époque, Pompeo Batoni et Anton von Maron. Le portrait du fondateur de la maison de Habsbourg Lorraine, François Ier, a été peint à Rome par Pompeo Batoni en 1772 (donc, il est posthume). L'artiste était un ami de Winckelmann dont il partageait les idées et l'un des peintres les plus fêtés de l'époque néo-classique. Son portrait double des fils de Marie-Thérèse, Joseph et Leopold (page 54) avait provoqué en 1769 un si grand enthousiasme de la part de l'impératrice qu'elle lui commanda une deuxième version pour Schönbrunn et également un portrait de l'empereur mort en 1765. Les travaux de cette pièce ne purent être terminés qu'après l'arrivée de Rome du dernier portrait, donc, au plus tôt, en 1773. Marie-Thérèse avait fait payer aux deux peintres une somme totale de 8.287 florins. Les tableaux forment un contraste sévère avec la magnificence de l'intérieur comme œuvres du début du néo-classique et sont un présage du changement imminent de style.

## 54 Portrait de groupe: la grande-duchesse Marie-Ludovica de Toscana avec les aînés de ses enfants, vers 1770
## Portrait double: Joseph II et son frère le grand-duc Pierre-Leopold de Toscana, 1769

Ces deux portraits de famille sont suspendus l'un en face de l'autre, dans le salon Vieux-Laque, de chaque côté du portrait si vivant de François de Lorraine. Marie-Thérèse aimait particulièrement cette pièce à cause de ces trois tableaux, peints entre 1769 et 1773. Ne représentent-ils pas son défunt époux, l'«unique bien-aimé», les deux fils si doués á qui l'avenir était confié et, – sur le tableau d'Anton Maron – le premier petit-fils sur les genoux de sa bru! Pour faire part de son bonheur aux Viennois, lors de la naissance du petit Franz (1768), elle se rendit en hâte à la Hofburg où elle ne s'était plus momtrée depuis la mort de son époux bien-aimé.
La représentation des deux frères à Rome avait déjà fait naître l'admiration à cette époque à cause du naturel avec lequel leur rencontre avait été peinte. Malheureusement, le tableau original disparut à la fin de la deuxième guerre mondiale et fut remplacé par une copie. Sur l'image, vous voyez la première version de 1769:
Pendant un voyage d'inspection à travers les provinces italiennes, Joseph séjourna à Rome – incognito – comme il se doit. Et cependant, on connaissait l'heure historique. Depuis Charles-Quint, il n'y avait pas eu d'empereur dans la Ville Eternelle. Mais le tableau nous en dit encore bien davantage:
Joseph, l'aîné, est subtil et ambitieux, railleur mais facilement blessé lui-même. Il devient l'idole des

## 43 La stella dell'ordine militare di Maria Teresa

Molti anni del regno di Maria Teresa sono stati caratterizzati da guerre. Le truppe austriache riuscirono a fatica a respingere l'attacco del re di Prussia, Federico II; andò persa la Slesia. Per un decennio si armò e si rinnovò l'esercito per riconquistare questo territorio. Nella guerra dei Sette Anni (1756–1763) Maria Teresa, che aveva trovato nuovi alleati, giocò il tutto per tutto e perse una guerra, per così dire vinta in partenza. Tra le grandi vittorie austriache vanno menzionate quelle di Kolin (18 giugno 1757) e di Kunersdorf (vedi 26, 27). L'Imperatrice, in una lettera al feldmaresciallo conte Leopold Daun (1705–1766) definì quello «il giorno della rinascita della Monarchia», e, in quell'occasione, concesse, per la prima volta, l'ordine militare di Maria Teresa. I primi a riceverlo furono Daun e il cognato della stessa Maria Teresa, Carlo di Lotringia. E' detto espressamente dall'Imperatrice che «a questo ordine potevano aspirare tutti gli ufficiali superiori, dal grado più alto a quello più basso, compresi i portabandiera, indipendentemente dalla fede, dal rango, dalla nascita e dall'anziantità di servizio». Quasi un terzo di quegli ufficiali che, in seguito, sarebbero diventati cavalieri di Maria Teresa, erano di origine borghese.

## 45 Ingresso ufficiale a Vienna della principessa Isabella di Parma, sposa dell'arciduca Giuseppe II (1760)

Questo dipinto, insieme ad altri quattro, appartiene alla serie celebrativa del matrimonio tra la casa asburgica e quella dei Borboni. Subito questi dipinti furono considerati degli avvenimenti pittorici eccezionali per il loro formato e la loro fedeltà. Da sfondo fa una visione, immaginaria, dei palazzi dellla Augustinerstrasse, attraverso la quale passerebbe, secondo Meytens, il regale corteo della sposa del futuro Imperatore. A destra si nota uno dei due archi di trionfo al termine del Kohlmarkt; l'altro, che si trovava sulla piazza Stock-im-Eisen, fu collocato in mezzo alla campagna in quanto l'artista aveva bisogno di molto spazio per poter raffigurare opportunamente il corteo, costituito da novantaquattro carrozze trainate, ciascuna, da sei cavalli.
La carrozza della sposa, di colore azzurro-argento, è scortata dalle guardie svizzere; è preceduta dall'ambasciatore, principe Giuseppe Wenzel di Liechtenstein, che aveva preso posto nella carrozza dorata, ancor oggi conservata. Nonostante fossero tempi duri (imperversava la guerra dei Sette Anni), l'Imperatrice non esitò a festeggiare il matrimonio del figlio maggiore con una pompa forse un po' eccessiva, dato il delicato momento politico. Va aggiunto che riuscì a far pagare la maggior parte delle spese sostenute al Principe di Liechtenstein.

## 49–51 La stanza cinese ovale e quella rotonda

Le stanze cinesi si trovano rispettivamente prima e dopo la piccola galleria, là dove, per via delle scale di accesso centrali, si creano, nell'edifico, due zone tonde. In queste stanze, particolarmente intime, porcellane e lacche, tanto amate dai principi nel XVIII secolo, soprattutto a livello di decorazione di interni, si fondono mirabilmente con il gusto rococò. Nel rivestimento ligneo delle pareti sono inserite delle, tavole, laccate, di colore nero e oro. Dalle cornici dorate che le circondano «crescono» delle piccole consoles sulle quali sono posati dei vasi di porcellana bianca e azzurra. Sul pavimento, a intarsi, poggiano dei grandi vasi di porcellana, giapponesi, decorati in rosso e blu. Le rocailles, i fiori e i rami che circondano le tavole e gli specchi si ripetono nel fregio della cupola. Le lampade smaltate sono state eseguite a Vienna.
All'epoca di Maria Teresa, un montacarichi portava nella stanza cinese occidentale le vivande direttamente dalla cucina; questo, per poter tenere delle riunioni in tutta calma senza correre il rischio di venir spiata Dopo tali riunioni l'Imperatrice era solita fare una partita a carte. Soprattutto nel gioco del «Faraone» Maria Teresa puntava molto alto: l'Imperatore criticava severamente questo lato della consorte.

## 52/53 La stanza vieux-laque

Anche nella stanza vieux-laque vediamo come delle tavole laccate, provenienti dall'Asia Orientale, siano inserite nel rivestimento di noce scuro delle pareti. L'ornamentazione, indubbiamente pesante, giunge sino al soffitto; le tavole di lacca o piccole parti rotonde, sempre in lacca, si inseriscono tra gli stucchi dorati e i festoni. Il progetto di questo locale, unitario e sontuoso, è dell'architetto francese Isidor Carneval (1770), immediatamente dopo che erano state acquistate queste tavole per 12.869 corone. Gli intagli sono opera di J. G. Leithner. Ci si accorge subito della enorme differenza che esiste tra le decorazioni, delicate e leggere, delle stanze cinesi e delle gallerie e le cornici, le ghirlande, i fiocchi e le trecce che orano questa stanza. Il Rococò sta finendo. In un primo momento si era pensato di inserire in tre pareti alcuni ritratti di famiglia di eccelente fattura, della cui esecuzione erano stati incaricati due pittori, molto famosi a quei tempi, Pompeo Batoni e Antonio von Maron.
Il ritratto del fondatore della Casa Asburgo-Lotringia, l'imperatore Francesco I Stefano, fu dipinto a Roma nel 1772, dunque postumo, da Pompeo Batoni. Questo artista era amico e seguace di Winckelmann e uno dei pittori più considerati del Classicismo. A lui si deve il dipinto, ultimato nel 1769, che ritraeva Giuseppe e Leopoldo (pag. 54). Tale dipinto piacque a tal punto a Maria Teresa che ne commissionò un secondo per Schönbrunn; incaricò dunque l'artista italiano di fare un ritratto dell'Imperatore, morto nel 1765.
In questo locale si poterono ultimare i lavori solo dopo l'arrivo dell'ultimo quadro da Roma, dunque non prima del 1773.

## 54 La granduchessa Maria Ludovica di Toscana con i figli maggiori, 1770
## L'imperatore Giuseppe II e suo fratello, granduca Pietro Leopoldo di Toscana (1769)

Questi due dipinti, che si trovano nella stanza vieux-lque, sono posti l'uno di fronte all'altro e sono a lato del delizioso quadro che ritrae Francesco Stefano. Maria Teresa amava particolarmente

von Anton Maron – der erste Enkel am Schoß der Schwiegertochter dargestellt! Um ihr Glück über die Geburt des kleinen Franz (1768) den Wienern mitzuteilen, eilte sie ins Hofburgtheater, in dem sie sich seit dem Tod ihres Gatten nicht mehr gezeigt hatte.
Die Darstellung der beiden Brüder in Rom erregte schon damals Bewunderung wegen der Natürlichkeit, mit der ihr Zusammentreffen wiedergegeben ist. Bedauerlicherweise ging das Originalbild nach dem Ende des zweiten Weltkriegs verloren und wurde durch eine Kopie ersetzt. Hier abgebildet ist die erste Fassung von 1769.
Joseph weilte während einer Inspektionsreise durch die italienischen Provinzen in Rom – wie es sich für ihn gehörte: inkognito! Und doch wußte man um die historische Stunde. Seit Karl V. war wieder ein Kaiser in der Ewigen Stadt. Das Gemälde aber sagt noch mehr:
Joseph, der Ältere, ist scharfsinnig und ehrgeizig, spottlustig, aber selbst leicht verletzbar. Er wird zum Idol der jungen Deutschen, auf ihn hoffen die Intellektuellen einer neuen Zeit; Herder, Lessing, Goethe und Schiller schreiben begeistert über ihn. Allzufrüh endet er, ohne die Früchte seiner unmenschlichen Anstrengungen als Staatsoberhaupt zu ernten. Leopold hingegen ist ausgeglichen und ausgleichend, intuitiv, behutsam und voller Menschlichkeit. Auch er erkennt frühzeitig die Fehler des Wiener Hofes, aber auch die seines Bruders, dessen Nachfolger als Kaiser er werden sollte. Von ihm ist eine Anweisung zur Erziehung der Kinder erhalten, die auch Josephs Gefühle widerspiegelt: „Fürsten müssen vor allen anderen von der Gleichheit der Menschen überzeugt sein . . .".
Josephs Ideen und weitreichende Reformen kamen für manche zu früh und bewirkten eine weit über seinen Tod hinausreichende Umgestaltung des Reichs. Die Lauterkeit seines Wollens ist unbezweifelbar, und auch das zeigt uns dieses Bild. „Aus der Fackel seines Geistes ist ein Funke gefallen, der nie wieder erlischt", sagt Georg Forster.

## 56, 57 Das Millionenzimmer

Die blendende Pracht dieses kleinen Raumes mit den überaus kostbaren indopersischen Miniaturen hat zur Bezeichnung „Millionenzimmer" geführt, die aber nicht historisch verbürgt ist. Das Zimmer war bis nach dem Tode Kaiser Franz' I. ein Spiegelzimmer und wurde danach umgestaltet. Erst seit kurzem weiß man, daß Maria Theresia die edle Holzvertäfelung aus dem Oberen Belvedere hierher übertragen ließ. Wahrscheinlich geschah dies 1767, denn seither lesen wir von einem „Vicatin-Cabinet". Dieser Name leitet sich vom rostbraunen Vegetin- oder Rosenholz her. Es ist von einem goldflimmernden Netz überzogen, das die Boiserie durch unterbrochene senkrechte Linien in Felder unterteilt, in denen meist drei Rocaille-Rahmen übereinander angeordnet sind. Auch die Türen, die einander gegenüberliegenden Spiegel, der Kamin und eine originelle, flache Attrappe einer Kommode sind virtuos in dieses goldene Linienspiel eingebunden. Über der Wandvertäfelung ist ein gemaltes Gitterwerk von Wandmalereien unterbrochen, die stilistisch und thematisch zu den Miniaturen in der Boiserie passen. In den Rahmen sehen diese wie Bilder aus, bei näherer Betrachtung erkennt man aber, daß mehrere nicht zusammengehörende Blätter oft recht willkürlich angeordnet wurden.
Maria Theresia benützte diesen Raum, der sich in seiner barocken Farbigkeit von den anderen Schönbrunner Zimmern unterscheidet, als Audienz- und Konferenzzimmer. Kaiser Franz Joseph stellte ihn reglmäßig seinen Gästen zur Verfügung.

## 58, 67 Blauer oder chinesischer Salon

Dieser Salon liegt zwischen dem großen Zeremoniensaal und dem intimen Vieux-Laque-Zimmer und entspricht dem Spiegelzimmer des Westflügels. Auch er wurde nach dem Tode Kaiser Franz' I., dem er als Ratstube und Audienzraum gedient hatte, verändert. Er ist aber wohl erst im 19. Jahrhundert, zusammen mit anderen Räumen dieses Traktes mit den chinesischen Tapeten verkleidet worden, die ihm seinen Namen gegeben haben. Auf den einzelnen Bahnen folgen regelmäßig drei Motive übereinander: ein kleines ovales und ein größeres, rechteckiges, blaues Feld mit Szenen aus dem Alltag der Chinesen, darüber ein Korb mit Blumen; Schmetterlinge, Vögel und Blumen sind über den freien Grund der Tapete verstreut. Das Mobiliar des Raumes ist kostbar. Die Platten der Tische sind mit Florentiner Steinmosaik belegt, an der Wand stehen Lackmöbel. Die Lacktafeln wurden oft schon in China zu Kabinettschränken, Kästchen oder Paravents nach europäischem Geschmack für den Export verarbeitet. Seit dem Beginn des 18. Jahrhunderts wurde die Lackkunst in Europa (wie das Porzellan) erfolgreich nachgeahmt und erreichte ihre Blüte in London, Paris, Venedig und Dresden; vielfach wurden die Möbel in Europa gezimmert, in Asien lackiert und wieder zurücktransportiert.

## 59, 60 Das Porzellanzimmer

Das Bemerkenswerteste an den Schönbrunner Prunkräumen ist die persönliche Anteilnahme der kaiserlichen Familie, mit der sie die Inneneinrichtung ergänzte und gestaltete. Die künstlerische Ausschmückung dieser Räume dient nicht dazu, die altbekannten Herrschertugenden allegorisch darzustellen, die Geschichte der Dynastie zu glorifizieren oder auch nur einfach Macht und Reichtum zu demonstrieren, sondern sie führt das Familienideal, um nicht zu sagen die Familienidylle der „allgemeinen und ersten Mutter" des Reiches vor.
Das Porzellanzimmer hat seinen Namen vom blau-weiß bemalten, holzgeschnitzten Rahmenwerk an den Wänden des Raumes, das Porzellan imitiert. Eine besondere Note erhält diese Dekoration durch die gekreuzten ostasiatischen Schirme, die mit Maschen verknüpft sind. In die Wandfelder sind 213 rechteckige Bilder in glatten Rahmen eingelassen, blaue Tuschzeichnungen auf Papier, Kopien nach zeitgenössischen französischen Vorlagen. Kaiser Franz I. und zwei seiner Töchter haben die Bilder gemalt, die gesamte Ausstattung hat Isabella von Parma, die Gemahlin Josephs II., entworfen. In vier Medaillons sind drei der genannten „kaiserlichen Künstler" porträtiert; zu ihnen gesellt sich als vierter Herzog Albert zu Sachsen-Teschen, der Gemahl der Erzherzogin Christine. Ein sechsarmiger Lüster und eine Uhr aus Meißner Porzellan in einer der fensterseitigen Ecken ergänzen die Ausstattung des Raumes.

On an inspection journey through the Italian provinces, Joseph traveled to Rome in the manner he had deemed proper: incognito! Nevertheless one was aware of the historic hour: since Karl V, no Emperor had set foot in Rome. But the painting conveys even more:
Joseph, the older of the two, is shrewd and ambitious, outwardly sarcastic but inwardly vulnerable. He became the idol of young Germans and the hope of the intellectuals of a dawning age: Herder, Lessing, Goethe, and Schiller all write glowingly of him. But he reached a premature end without having been able to reap the fruits of his inhuman labors as sovereign. Leopold, on the other hand, is well-balanced and conciliatory, intuitive, cautious, and human. He, too, recognizes early the deficiencies of the Vienna Court, but also those of his brother, whose successor he would soon become. His advice on the rearing of children also echoes the feelings of his brother, Joseph: "Sovereigns must, above all, be convinced of human equality . . ."
Joseph's ideas and far-reaching reforms came too soon for some but continued to transform the empire long after his death. The painting succeeds in capturing the unquestionable ingenuousness of his intentions. Georg Foster wrote of him: "From the torch of his spirit a spark has fallen that will never be extinguished."

## 56, 57 The Millions Room

The overwhelming splendor of this small room of costly miniatures from Asia Minor led to a name not rooted in history. The Millions Room was a mirror room until it was re-furnished after the death of Emperor Franz I. Only recently did it become known that Maria Theresia had the precious wood paneling transferred here from the Upper Belvedere. This probably took place in 1767, immediately prior to the first mention of a "Vicatin Cabinet". The name was derived from a rust-colored species of rosewood, ficatin. The room's walls are covered with a gilt web that divide the woodwork (Boiserie) into vertical strips interrupted usually by three rocaille ornaments placed one above the other. Even the doors, the mirrors facing each other, the fireplace, and the mock front of a commode are masterfully incorporated into the play of golden lines. Above the wall paneling the painted latticework is interrupted by small pictures that match the miniatures of the rocailles, both stylistically and thematically. Within the gilt frames they, too, appear to be paintings, but upon closer inspection one discovers that several unrelated sheets were often rather whimsically placed next to one another.
Maria Theresia used the room, which distinguishes itself from other rooms of the palace by virtue of its colorfulness, as an audience and conference room. Emperor Franz Joseph often placed it at the disposal of his guests.

## 58, 67 The Blue or Chinese Drawing-Room

This salon, located between the large Ceremonial Hall and the intimate Vieux-Laque Room, is the counterpart to the Mirror Room in the west wing. Used by Kaiser Franz I as a council chamber and audience room, it, too, was re-decorated after his death. The Chinese wall hangings that gave the room its name were first installed in the nineteenth century, both in this room and in others of the wing. Three motifs are arranged above one another at regular intervals within each vertical strip: a small oval and a larger rectangular blue background for depictions of scenes from everyday Chinese life; above them a basket with flowers. Butterflies, flowers, and birds are scattered over the remaining surface of the wall hangings. The room's furniture is costly. The table tops are inlaid with Florentine marble mosaic; lacquered furniture stands against the wall. Lacquered panels were often set into cabinets, wardrobes, chests, or paravants (folding screens) to satisfy European taste. The art of lacquering has been successfully practiced in Europe since the beginning of the eighteenth century and thrived especially in London, Paris, Venice, and Dresden. In many cases, furniture built in Europe was lacquered in Asia before being returned whence it came.

## 59, 60 The Porcelain Room

The most remarkable thing about the Schönbrunn state rooms is the role the imperial family played in designing and furnishing them. The artistic ornamentation of the rooms does not serve merely to depict allegorically familiar ruling virtues, glorify the history of the dynasty, or even simply demonstrate power and wealth. On the contrary, it serves to illustrate the ideal of the family – not to mention the family idyll of the "first and universal mother" of the empire.
The Porcelain Room traces its designation to the blue-and-white painted wood-carvings adorning the walls, intended to imitate china. The ornamentation was given a special note by the crossed East Asian umbrellas joined together by ribbon. The wall panels are decorated with 216 rectangular drawings in smooth frames; the Indian ink drawings are copies of contemporary French paintings. Emperor Franz I and two of his daughters rendered the drawings, with the interior design being drawn up by Isabella of Parma, Joseph II's spouse. Of the four medaillons, three represent the "imperial artists"; the fourth is of Duke Albert zu Sachsen-Teschen, the husband of Archduchess Christine. A six-armed chandelier and a clock in one of the corners by the windows are of Meissen china and complete the furnishings of the room.

## 60, 69, 84 The Kammergarten

The French park is distinguished not only by its large avenues and terraces – called "parterres" – but also, as in all architecture, by the spaces between. During the period of Rococo the garden layouts were especially imaginative and varied, featuring labyrinths or mazes, shadowy bosquets (ornamental shrubbery) with protected enclosures, and areas devoted to the cultivation of selected plants (Rosarium). In the layout design by Boos from the year 1780 (p 85), numerous such components can be recognized, bearing such telling names as "fan" or "merry-go-round". The labyrinth on the west side of the large parterre, still visible in Bellotto's painting (p 68), was unfortunately cleared in 1892 out of moral considerations.

jeunes Allemands; les intellectuels d'une nouvelle époque mettent leurs espérances en lui; Herder, Lessing, Goethe et Schiller écrivent avec enthousiame à son sujet. Il meurt bien trop tôt sans pouvoir récolter les fruits de ses efforts inhumains en tant que chef d'Etat Par contre, Leopold est pondéré et équilibré, intuitif, prudent et très humain. Il reconnait tôt les fautes de la cour de Vienne mais aussi celles de son frère dont il devait devenir le successeur en tant qu'empereur. On possède de lui une instruction pour l'éducation des enfants qui réfléchit aussi les sentiments de Joseph: «Les princes doivent être surtout persuadés de l'égalité des hommes . . .«

Les idées de Joseph et ses réformes à grande portée vinrent trop tôt pour certains et furent la cause bien après sa mort d'une réorganisation du royaume. On ne peut douter de sa sincérité ni de sa bonne volonté; c'est aussi ce que nous montre ce tableau. Georg Forster dit: «Du flambeau de son esprit est tombée une étincelle qui ne s'éteindra plus jamais».

## 56, 57 Le salon des Millions

La splendeur aveuglante de cette petite pièce aux miniatures indo-persanes extrêment précieuses a été la raison pour laquelle on lui a donné le nom de «salon des Millions», nom qui n'est pas historiquement exact. La pièce fut jusqu'après la mort de l'empereur François Ier un salon de glaces et subit ensuite des remaniements. Les boiseries, sont couvertes d'un réseau d'or étincelant qui les partagent en panneaux par des lignes verticales discontinues; généralement, on a encastré dans ces panneaux trois cadres en rocaille l'un au-dessus de l'autre. Les portes, les glaces se faisant face, la cheminée et une commode plate attrappe sont reliées avec virtuosité pour former un jeu doré de lignes. Audessus de la boiserie, un treillage peint est interrompu de peintures murales qui s'accordent des points de vue style et thème avec les miniatures encastrées dans la boiserie. Dans leur cadre, cellesci ont l'air de tableaux; mais, si on les regarde de plus près, on reconnait que plusieurs gravures n'allant passensemble sont placées bien arbitrairement.

Marie-Thérèse utilisait cette pièce qui se distingue des autres pièces de Schönbrunn par ses couleurs baroques comme salle d'audience et de conférence. L'empereur François-Joseph la mettait régulièrement à la disposition de ses hôtes.

## 58, 67 Le salon bleu ou salon chinois

Il a été remanié après la mort de l'empereur François Ier à qui il avait servi de salle du conseil et de salle d'audience. Mais ce n'est qu'au 19 ème siècle qu'on y posa ainsi que dans d'autres pièces de cette aile des papiers peints chinois qui lui ont donné son nom. Trois motifs l'un au-dessus de l'autre se suivent régulièrement sur les panneaux: un petit champ ovale, un champ rectanguiaire plus grand, bleu, avec des scènes de la vie chinoise quotidienne et au-dessus, une corbeille avec des fleurs; des papillons, des oiseaux et des fleurs sont disséminés sur le fond libre du papier peint. Les dessus des tables sont incrustés d'une mosaïque de pierres florentines; des meubles de laque se dressent contre le mur. Les panneaux de laque ont souvent été travaillés en Chine en cabinets, petites armoires ou par ıvents d'après le goût européen pour l'exportation. Depuis le début du 18 ème siècle l'art du laque a souvent été imité avec succès en Europe (comme la porcelaine) et atteignit son apogée à Londres, Paris, Venise et Dresde; souvent, les meubles furent fabriqués en Europe, laqués en Asie et retransportés en Europe.

## 59, 60 Le salon des Porcelaines

Ce qu'il y a de plus remarquable dans les salles d'apparat de Schönbrunn, c'est que la famille impériale ait contribué à compléter et à faire la décoration intérieure. L'ornementation artistique de ces pièces ne sert pas à représenter allégoriquement les vertus bien connues des souverains ni à glorifier l'histoire de la dynastie, ni seulement à faire montre de leur puissance et de leur richesse, mais au contraire elle présente l'idéal familial, pour ne pas dire l'idylle familiale de la «première mère» de l'empire.

Le salon des Porcelaines tient son nom des guirlandes en bois sculpté peintes bleu et blanc sur les murs de la pièce et qui imitent la porcelaine. On a encastré dans les panneaux du mur 213 tableaux rectangulaires dans des cadres lisses: des dessins à l'encre de Chine bleue sur papier, des copies de modèles français de l'époque. L'empereur François Ier et deux de ses filles ont peint les tableaux; c'est la femme de Joseph II, Isabelle de Parme qui a conçu toute la décoration. Trois des «artistes impériaux» mentionnés ci-dessus sont portraités dans les quatre médaillons de la pièce; le quatrième représente le duc Albert de Saxe-Teschen, l'époux de l'archiduchesse Christine. Un lustre à six branches et une pendule en porcelaine de Meissen complètent le décor de la pièce.

## 60, 69, 84 Les jardins de la Cour

Ce ne sont pas seulement les «parterres» qui sont caractéristiques du jardin à la française mais également les petits espaces et superficies situés entre eux. Ils sont aménagés, en particulier à l'époque rococo, avec beaucoup d'imagination et de manière très variée en tant que labyrinthe, bosquets ombreux aux cabinets secrets ou en tant que domaine de culture de plantes particulières («rosarium»). Sur le plan de Schönbrunn de Boos de l'année 1780 (page 85), nous pouvons reconnaitre de nombreux petits jardins de ce genre. Le labyrinthe de Schönbrunn qui avait été aménagé du côté ouest du grand parterre, comme on peut le voir à gauche sur le tableau de Bellotto (page 68), fut malheureusement détruit pour des raisons de moralité en 1892. Les deux jardins de la Cour étaient, comme leur nom l'indique, réservés à la famille impériale déjà à l'époque de Marie-Thérèse. Vers 1790, on construisit les pergolas de fer qui, aujourd'hui, sont envahies par les rosiers grimpants (page 88) et les gracieux pavillons de bois dont les fresques du plafond proviennent d'élèves ou de collaborateurs de Bergl; avec les salles de «Bergl» au rez-de-chaussée, il existe un rapport artistique. Le jardin de la Cour situé à l'est est nommé depuis 1875 le jardin du prince héritier. En effet à cette époque, les pièces du rez-de-chaussée avaient été transformées en appartement pour le prince héritier Rodolphe (18581889. Le jardin ouest resta réservé à son père, l'empereur François-Joseph et continua à s'appeler le jardin de la Cour.

questa stanza per via dei tre quadri, dipinti tra il 1769 e il 1773. Essi ritraggono rispettivamente il marito, deceduto, l'«unico uomo amato», i due figli più dotati, che avevano nelle proprie mani il futuro del regno, e, nel quadro di Antonio Maron, il primo nipotino che era in braccio alla propria madre. Per dimostrare ai viennesi la sua felicità per la nascita del piccolo Francesco (1768), Maria Teresa si recò immediatamente al Burgtheater, nel quale non aveva più messo piede dalla morte del marito.

La raffigurazione dei due fratelli a Roma aveva già suscitato l'ammirazione di tutti per la naturalezza che vi si riscontrava. Purtroppo, alla fine della seconda guerra mondiale, il quadro originale andò perduto; è stato sostituito da una copia che si rifà al primo modello, del 1769.

Durante un viaggio di ispezione attraverso le province italiane, Giuseppe sostò a Roma, in incognito, come era sua abitudine. Tuttavia la cosa si venne a sapere. Era un momento storico, in quanto, dall epoca di Carlo V, nessun imperatore aveva più messo piede nella Città Eterna. Ma il dipinto ha un significato ancora più profondo. Giuseppe, il figlio maggiore di Maria Teresa, è un uomo acuto ed ambizioso, beffardo, ma suscettibile. Diventa l'idolo dei giovani tedeschi; gli intellettuali vedono giungere tempi nuovi. Herder, Lessing, Goethe e Schiller hanno per lui parole di grande ammirazione. Troppo presto muore senza poter cogliere i frutti delle sue disumane fatiche quale capo di stato.

Leopoldo è invece equilibrato, accomodante, intuitivo, accorto, umanissimo. Ben presto riconosce gli errori commessi dalla corte di Vienna, anche quelli del properio fratello, al quale succederà, diventando lui imperatore.

Rispecchia l'idea del fratello Giuseppe quella riguardante l'educazione dei giovani: «I principi, prima degli altri, debbono essere convinti che tutti gli uomini sono uguali . . .»

Le idee di Giuseppe e le sue innovatrici riforme erano, per alcuni, premature; però, anche dopo la sua morte diedero origine a una positiva trasformazione del regno. E'indiscutibile l'onestà dei suoi intenti. Questo lo mostra anche il dipinto. Giorgio Forster dice: «Dalla fiaccola del suo spirito è caduta una scintilla che non si spegnerà mai».

## 56, 57 La stanza dei milioni

Sebbene non sia storicamente dimostrato, questa piccola stanza deve il suo soprannome, «stanza dei milioni», allo sfavillante splendore che la caratterizza (si notino le preziose miniature indopersiane). Fino alla morte dell'imperatore Francesco I questa era una stanza degli specchi. Solo in seguito fu trasfomata. Da studi recenti sappiamo che Maria Teresa utilizzò per il locale il rivestimento ligneo del Belvedere Superiore. Probabilmente nel 1767 fece portare a Schönbrunn le tavole da Vienna: in pari data infatti sentiamo parlare di un «Vicatin-Cabinet». La parola «vicatin» è tratta dal legno «vegetin» o legno di rosa. E' ricoperto di una rete dorata che, con linee verticali, qua e là interrotte, suddive il legno in campi nei quali sono inserite, l'una sopra l'altra, tre cornici rocaille. Perfettamente adatto a questo gioco di linee dorate sono le porte, gli specchi, che sono collocati l'uno di fronte all'altro, il camino e un finto comò di cui è presente solo la parte atneriore. Al di sopra del rivestimento ligneo delle pareti vi è una grata dipinta, interrotta da affreschi che ben si adattano, sia per lo stile che per il tema, alle miniature inserite nella boiserie. Queste, grazie anche al modo con cui sono incorniciate, sembrano dei veri e propri quadri. Se le si osserva più da vicino si nota che sono state ordinate in modo piuttosto arbitri.

Maria Teresa utilizzava questa stanza, che, per la sua barocca vanità di colori si differenzia sensibilmente da tante altre stanze del Castello, per le udienze o per le riunioni. L'imperatore Francesco Giuseppe la metteva invece a disposizione dei propri ospiti.

## 58, 67 Salone azzurro o cinese

Questo salone si trova tra la grande sala delle cerimonie e la stanza vieux-laque, tanto intima. Come posizione corrisponde alla stanza degli specchi dell'ala ovest. Fu trasformato dopo la morte dell'imperatore Francesco I che si serviva di questo salone per le udienze e per le riunioni. Solo verso il 1800, fu rivestito, insieme ad altri locali di questa ala, con tappeti cinesi; a questo fatto deve il proprio nome. Tre sono i motivi che si susseguono regolarmente: su campo azzurro, piccolo e ovale o più grande e rettangolare, sono rappresentate delle scene della vita quotidiana cinese. Queste sono sormontate da un cesto di fiori, al di sopra del quale, liberi, sulla tapezzeria, si possono ammirare degli uccelli e delle farfalle e ancora dei fiori. Preziosissimi sono i mobili: le superfici dei tavoli sono intarsiate con mosaici fiorentini, alla parete poggiano mobili di lacca. Le tavole di lacca furono spesso utilizzate, in Cina, per costruire armadietti, mobili o paraventi, secondo il gusto europeo, in quanto avevano come fine quello dell'esportazione. A partire dai primi anni del 1700 in Europa si imitò, con successo, l'arte della lacca e della porcellana. Essa fiori a Londra, Parigi, Venezia e Dresda. Spesso i mobili venivano costruiti in Europa, inviati in Asia per la laccatura e ritrasportati in Europa.

## 59–60 Stanza della porcellana

Ciò che colpisce a Schönbrunn, soprattutto nelle stanze più lussuose, è il contributo personale della famiglia imperiale all'arredamento degli interni. Nella decorazione artistica di questi locali i temi ricorrenti non sono solo la rappresentazione allegorica delle note virtù della famiglia, della sua potenza e ricchezza, o la glorificazione della storia della dinastia; spesso invece si sottolinea l'ideale delle famiglia, si potrebbe dire l'idillo «della comune, prime madre».

La stanza della porcellana deve il suo nome alle cornici di legno intagliato delle pareti, dipinte in bianco e azzurro, che imitano la porcellana. Una nota particolare è data dagli ombrellini incrociati (motivo proveniente dall'Asia Orientale) legati con dei fiocchi. Nelle pareti sono inseriti, in cornici lisce, duecentotredici quadri, di forma rettangolare: si tratta di disegni a china blu, su carta, copie di modelli francesi dell'epoca. Sono opera dell'imperatore Francesco I e di due figlie. Isabella di Parma, moglie di Giuseppe II, aveva fatto il progetto della stanza. In quattro medaglioni è inserito il ritratto dei tre «artisti imperiali»; essi sono accompagnati dal duca Alberto di Sassonia-Teschen,

## 60, 69, 84 Die Kammergärten

Für den französischen Park sind nicht nur die großen Achsen und Flächen – die „Parterres" – kennzeichnend, sondern – wie für jede Architektur – auch die zwischen diesen liegenden kleinen Flächen und Räume. Sie wurden besonders im Rokoko phantasievoll und abwechslungsreich als Labyrinth oder Irrgarten, als schattige Boskette mit versteckten Kammern oder auch als Bereich besonderer Pflanzenkulturen („Rosarium") angelegt. Auf dem Schönbrunner Plan von Boos aus dem Jahr 1780 (Seite 85) können wir zahlreiche kleine Gartenbereiche dieser Art erkennen; sie trugen oft entsprechende Namen wie „Fächer" oder „Ringelspiel". Das Schönbrunner Labyrinth, das an der Westseite des großen Parterres angelegt worden war, wie auf Bellottos Gemälde (Seite 68) links zu sehen ist, wurde leider aus sittlichen Gründen 1892 abgeholzt.
Die beiden Kammergärten waren, wie ihr Name sagt, schon zu Maria Theresias Zeiten der kaiserlichen Familie vorbehalten. Um 1770 wurden die eisernen Laubengänge, die heute von Kletterrosen überwuchert werden (Seite 88) und die zierlichen, hölzernen Pavillons aufgestellt, deren Deckenmalereien von Schülern oder Mitarbeitern Bergls stammen. Mit den „Bergl"-Zimmern im Erdgeschoß des Schlosses besteht nicht nur dieser zufällige künstlerische, sondern der prinzipielle Zusammenhang, der im Barock zwischen Natur und Architektur herrscht. Der östliche Kammergarten wird seit etwa 1875 Kronprinzgarten genannt. Damals wurden die ebenerdigen Räume des Ostflügels als Appartement für den Kronprinzen Rudolf (1858–89) adaptiert. Der westliche blieb seinem Vater, Kaiser Franz Joseph, vorbehalten und wurde weiterhin Kammergarten benannt.

## 62–63 Die Rosa-Zimmer

Zu den typischen Repräsentationsräumen des Schlosses zählen die drei Zimmer an der Gartenfront, zwischen Spiegelzimmer und rundem chinesischem Kabinett gelegen, in denen Gemälde angebracht sind, die Joseph Rosa geschaffen hat. Der Künstler entstammt der deutsch-niederländischen Malerfamilie Roos und war in Dresden tätig, ehe er 1772 von Joseph II. als Direktor der kaiserlichen Gemäldegalerie nach Wien berufen wurde. Die Serie von alpinen Landschaften mit Bauern, Hirten und Herden entstand schon in den Jahren 1760 bis 1765, noch während seiner Zeit als königlich polnischer Kammermaler. Er weilte also etwa zur gleichen Zeit in Wien wie Bellotto, der ja auch aus Dresden kam. Aus den Landschaften Rosas spricht jene frühromantische Begeisterung für die Natur, aber auch für die Geschichte, wenn auf einem der Gemälde im großen Zimmer die Ruine Habsburg im Aargau dargestellt wird. Im selben Raum hängt auch ein Porträt der Kaiserin Maria Theresia, die die merkwürdige Idee hatte, wilde schweizerische Berge in Rokokorahmen zu bannen.

## 62, 64–65 Der Gobelinsalon

Wandteppiche fehlten in keinem europäischen Fürstenschloß des Barock. Auch sie sind Erbstücke der Renaissance, die den gewirkten Teppich bereits als variablen Wandbehang, als unentbehrliches Requisit fürstlicher Hofhaltung kannte. Zu den wichtigsten Manufakturen des 16. und 17. Jahrhunderts zählten die niederländischen; erst in der zweiten Hälfte des 17. Jahrhunderts gewannen mit der Gründung der Gobelin-Manufaktur in Paris auch die französischen Erzeugnisse Bedeutung. In der Folge – und bis zum heutigen Tag – werden oftmals alle Wandteppiche fälschlich „Gobelins" genannt, so auch jene, die in dem großen Saal an der Ostseite Schönbrunns seit 1873 aufgespannt sind. Tatsächlich handelt es sich hier, ebenso wie im Napoleonzimmer, um Brüsseler Tapisserien des 18. Jahrhunderts. Die Sitzpölster und Rückenlehnen der sechs Fauteuils des „Gobelinsalons" stellen in reizvollen Genreszenen die zwölf Monate dar. Auch hier handelt es sich um kleine Tapisserien. Die Entwürfe für alle diese großen und kleinen Szenen wurden nach Gemälden des niederländischen Malers David Teniers d. J. (1610–1690) angefertigt, dessen manchmal derbe, aber immer treffende und lebensvolle Darstellungen des Volkslebens in jeder großen Gemäldegalerie anzutreffen sind.

## 67 Die Nymphe Egeria

Dem Kaiser Matthias (1612–1619) wird die Entdeckung jener Quelle zugeschrieben, die dem Schloß Schönbrunn den Namen gab. Jedenfalls wurde ein heute noch vorhandener Quellstein mit seinen Initialen errichtet und die Quelle gefaßt. Eine weibliche Figur, aus deren Brüsten Wasser floß, wurde 1683 zerstört. Erst unter Maria Theresia erbaute man über der Quelle ein grottenartiges Brunnenhäuschen und beauftragte den Bildhauer Wilhelm Beyer, eine neue Statue zu schaffen. Er entschloß sich zur Darstellung der altrömischen Nymphe Egeria, die der Sage nach den zweiten König Roms, Numa Pompilius, einen Friedensfürsten, beraten haben soll. Ihr war an der Via Appia eine Grotte geweiht, die noch heute bosco sacro – heiliger Wald – genannt wird.

## 68 Ansicht der Gartenseite des Schlosses Schönbrunn, um 1759/60

Bernardo Bellottos Ansichten des Schönbrunner Schlosses (vgl. Seiten 26/27)sind unschätzbare Zeugnisse für dessen Aussehen und für seine Lage außerhalb Wiens. Auf der Vedute von der Gartenseite erkennen wir weit hinten den Turm der Stephanskirche und die Kuppel der Karlskirche. In Schönbrunn war die kaiserliche Familie wirklich „am Land". Die Wiedergabe der gärtnerischen Gestaltung des Parketts ist besonders aufschlußreich. Wir sehen es in dem Zustand, der durch die Änderungen herbeigeführt worden war, die Maria Theresia offenbar schon in den fünfziger Jahren veranlaßt hatte.
Anstelle der Ornamente aus Steinen und niederen Gebüschen, die wie Stickereimuster aussahen und zur Bezeichnung „Borderieparterres" Anlaß gaben, sehen wir größere Rasenflächen, die von Kreisen und Spiralen unterbrochen sind, die bis zum Rand verlaufen, sodaß die Rasenkonturen unterbrochen werden. In der Mittelachse hatte man damals noch das Sternbassin Fischers von Erlach belassen. An den Längsseiten sind die Rasenflächen von Rosenbeeten begrenzt. Dazu parallel laufen Reihen von Orangenbäumchen in Holzkübeln („Pommerantzen Khüebeln") und schmale Rabatte mit spitzen Taxusbäumchen. Die Skulpturen, die heute das Parkett säumen, fehlen hingegen noch.

Both "Kammergärten", or private enclosures, were reserved for the exclusive use of the imperial family. In 1770 the wroughtiron pergolas (arcades) now overgrown with ramblers were erected (p 88), as were the elegant wooden pavillions with ceiling murals by the school of Bergl. The "Bergl" rooms on the ground floor of the palace illustrate not only the aesthetic, but also the philosophical connection between nature and architecture that prevailed during the Baroque. The east Kammergarten has been designated the "Crown Prince Garden" since 1875. At that time the ground floor apartments of the east wing were adapted for the use of Crown Prince Rudolf (1858–1889). The west Kammergarten remained reserved for his father, Emperor Franz Joseph, thereby retaining its designation.

## 62–63 The "Rosa" Rooms

The three typical state rooms on the side of the palace facing the garden, between the Round Chinese Room and the Mirror Room, contain paintings by Joseph Rosa. The artist, the offspring of a German-Dutch family of painters bearing the name Roos, was active in Dresden before being called to Vienna by Joseph II, in 1772, to be Director of the Imperial Art Gallery. The series of depictions of Alpine landscapes with scenes from country life originated in the years between 1760 and 1765, while he was still Painter to the King of Poland. The time of his residence in Vienna coincided with that of Bellotto's, who had also come from Dresden. Rosa's landscapes betray, in addition to the enthusiasm for nature typical of early Romanticism, an appreciation of history – as the depiction of the Habsburg ruin in Aargau found in the large "Rosa" room conveys. A portrait of Maria Theresia hangs in the same room that rather curiously combines the rugged mountains of Switzerland with a rococo frame.

## 62, 64–65 The "Gobelin" Drawing-Room

Tapestries were included among the furnishings of every European palace during the Baroque. They are a legacy of the Renaissance, during which period the woven carpets, used as variable wall hangings, had already become indispensable requisites of princely life.
In the sixteenth and seventeenth centuries the Dutch were among the most important manufacturers; French products did not achieve prominence until Gobelin Manufacturing was founded in Paris. Since then – and up to the present day – tapestries (such as these, hung in the Great Hall on the east wing of the palace in 1873) have often falsely been referred to as "Gobelins". In actually, the tapestries here, like those in the Napoleon Room, are Brussels tapestries from the eighteenth century. The upholstery of the seat cushions and backs of the six arm-chairs (fauteuils) of the "Gobelin" Drawing-Room represent the twelve months of the year by way of charming genre scenes. It too consists of small tapestries. The designs for all the large and small scenes are copied after the paintings of the Dutch artist, David Teniers d. J. (1610–1690), whose occasionally coarse but always accurate and lively depictions of commonplace life can be found in any large art museum.

## 67 The Nymph Egeria

The discovery of the spring whence Schönbrunn derives its name is attributed to Emperor Matthias (1612–1619). In any event, a well-head stone with his initials, still visible today, was erected and the spring channeled into a small basin. A woman figurine whose breasts dispensed water was destroyed in 1683. Not until Maria Theresia's reign was the small grotto-like well-house built and the sculptor Wilhelm Beyer commissioned to create a new statue. He decided on a representation of the mythological Roman nymph, Egeria, who, according to legend, is said to have advised the second king of Rome and prince of peace, Numa Pompilius. On the Via Appia a grotto was dedicated to her that is still called bosco sacro – or sacred grove.

## 68 View of the Garden Facade of Schönbrunn Palace, about 1759/60

Bernardo Bellotto's vedutas (pp 26/27) are invaluable testimony to the appearance of the palace and its location outside of Vienna. In the view of the garden facade, both the spire of St. Stephan's Cathedral and the dome of Karl's Cathedral can be seen in the distance. At Schönbrunn the imperial family was truly "in the country". The depiction of the horticultural layout of the grounds is especially instructive. It is shown after the alterations that Maria Theresia had already to have initiated ated in the fifties.
In place of stone and shrubbery ornaments that looked like embroidery and gave rise to the term, "Borderieparterres", we find large lawns partitioned by circular and spiral paths that extend to the edges of the lawn and interrupt its contours. In the middle avenue, Fischer von Erlach's star-shaped basin still had been left as it was. Along the longitudinal edges the lawns are bordered by rosebeds; parallel to them were placed rows of orange trees in wooden pots ("Pommerantzen Khüebeln") and small beds of pointed yew trees. The statuary bordering the terrace today was still absent then.

## 68–71, 74–79 The Park and Park Statuary

The phenomenon of intertwining nature and architecture has been mentioned repeatedly in connection to the Baroque. At Schönbrunn a true harmony of style was never achieved because work was prolonged over a period of years. The sculpture ornamentation and the most important landscaping were not completed, after many modifications, until the seventies – thereby introducing neo-classical elements into a park that had already suffered the transitions from the Baroque to the Rococo. The placement of the individual statues was also subject to repeated alteration. The thematic design had been proposed by State Chancellor Prince Anton Wenzel; he intended a mythological and historical illustration of nature, incorporating political allusions and pedagogical aspects.

## 62–63 Les salons de Rosa

Les trois salons situés sur le jardin entre la salle des Glaces et le cabinet chinois rond comptent au nombre des pièces de représentation typiques du château; on a encastré dans leurs murs des tableaux de Joseph Rosa. L'artiste descend d'une famille de peintres germano-hollandaise, la famille Roos et travailla à Dresde avant que Joseph II ne l'appelât à Vienne en 1772 pour devenir le directeur de la galerie impériale de peinture. la série de paysages alpestres fut peinte entre 1760 et 1765 encore au moment où il était peintre du roi de Pologne. Il séjourna à Vienne à peu près à la même époque que Bellotto qui venait aussi de Dresde. Les paysages de Rosa expriment l'enthousiasme du début du romantisme pour la nature mais aussi pour l'histoire: sur l'un des tableaux du Grand Salon, il a représenté les ruines du château des Habsbourg dans le canton d'Argovie. Dans cette pièce, il y a également un portrait de l'impératrice Marie-Thérèse qui eut la curieuse idée de faire encastrer ces sauvages montagnes suisses dans un cadre rococo.

## 62, 64–65 Le salon des Gobelins

Les tapisseries ne manquaient dans aucun château princier européen de l'époque baroque. Les manufactures hollandaises des 16 ème et 17 ème siècles comptaient au nombre des plus importantes; ce ne fut que dans la deuxième moitié du 17 ème siècle avec la fondation de la manufacture des Gobelins à Paris que les productions françaises gagnèrent également en importance. por la suite – et jusqu'à maintenant – on nomme souvent faussement «Gobelins» toutes les tapisseries, également celles qui sont suspendues dans la grande salle du côté est du château de Schönbrunn depuis 1973. En réalité, il s'agit ici, comme dans la chambre de Napoléon, de tapisseries de Bruxelles du 18 ème siècle. Les sièges et les dossiers des six fauteuils du «Salon des Gobelins» représentent les douze mois de l'année dans de charmantes scènes de genre. Il s'agit ici aussi de petites tapisseries. Les cartons pour toutes ces grandes et petites scènes ont été exécutés d'après des tableaux du peintre néerlandais David Téniers le jeune (1610–1690), dont on peut voir dans chaque grande galerie de peintures les représentations parfois grossières mais toujours frappantes de vérité et vivantes de la vie populaire.

## 67 La nymphe Egérie

C'est à L'empereur Matthias (1612–1619) qu'on attribue la découverte de la source qui donna son nom au château de Schönbrunn. En tout cas, il existe encore aujourd'hui une plaque commémorative de la découverte avec ses initiales et la source fut captée. Une statue de femme des seins de laquelle l'eau s'écoulait fut détruite en 1683. Ce fut seulement sous Marie-Thérèse qu'on construisit au-dessus de la fontaine un pavillon en forme de grotte et qu'on commanda une nouvelle statue au sculpteur Wilhelm Beyer. Il décida de représenter une nymphe de l'ancienne Rome. Egérie qui, d'après la légende, fut la conseillère du deuxième roi de Rome, Numa Pompilius, un prince de la paix. On lui avait consacré une grotte sur la Via Appia qui s'appelle encore aujourd'hui bosco sacro – bois socré.

## 68 Vue du château de Schönbrunn, du côté jardin vers 1759/60

Les vues du château de Schönbrunn de Bernardo Bellotto (voir pages 26/27) sont des témoignages inestimables de son aspect et de sa situation en dehors de Vienne. Sur la perspective du côté jardin, on reconnait au loin la tour de Saint-Etienne et la coupole de l'église Saint-Charles. A Schönbrunn, la famille impériale était vraiment «à la campagne». Nous voyons le jardin tel qu'il était après les remaniements que Marie-Thérèse avait déjà probablement fait effectuer dans les années cinquante. A la place des ornements de pierre et des buissons bas qui ressemblaient à des motifs de broderie et qui furent à l'origine du nom «parterres de broderie», nous voyons de plus grandes pelouses, entrecoupées par des cercles et des spirales qui continuent jusqu'aux bords de sorte que les contours sont discontinus. A cette époque, on avait encore laissé le bassin de l'Etoile de Fischer von Erlach dans l'axe médian. Dans la longueur, les pelouses sont délimités par des plates-bandes de rosiers. Des rangées d'orangers dans des caisses de bois ainsi que d'étroites bordures de petits ifs pointus sont installées parallèlement aux plates-bandes. Par contre, les statues qui bordent aujourd'hui les parterres manquent encore.

## 68–71, 74–79 Le jardin et ses sculptures

Une unité dans le style n'a jamais été atteinte à Schönbrunn car les travaux se prolongèrent pendant plusieurs dizaine d'années. La décoration sculpturale ainsi que les œuvres les plus importantes de l'architecture paysagiste ne furent terminées que dans les années 70 et apportèrent donc ainsi des éléments essentiels du style néo-classique à un jardin qui avait déjà subi le passage du baroque au rococo. A la fin, on hésita sur l'emplacement des différentes statues. Le concept thématique est dû au chancelier d'Etat, le prince Anton Wenzel Kaunitz. C'était dans son intention d'illustrer la nature de manière mythologique et historique en y incluant des allusions politiques; cette illustration devait également être instructive.

En 1765, Ferdinand von Hohenberg fut chargé de la direction artistique des travaux; vers 1772, le sculpteur Johann Chr. Wilhelm Beyer qui était venu de Gotha à Vienne en 1769 commença à ébaucher les sculptures et à les réaliser avec ses collaborateurs. Aux carrefours des deux allées diagonales avec l'allée médiane, dite «Allée des Tilleuls», on aménagea deux grands bassins. Le bassin de l'Eto le fut transféré du parterre où il se trouvait devant le grand perron du château – comme on peut le voir sur le tableau de Bellotto (page 68) – dans l'allée du jardin zoologique tandis que le bassin round fut reconstruit.

Finalement, entre 1775 et 1780, les trois œuvres majeures de l'architecture paysagiste furent construites d'après les plans de Hohenberg: la Gloriette (pages 35, 72, 73), la ruine Romaine (pages 70, 71) et le bassin de Neptune (pages 62, 96). Dans ces ouvrages, Hohenberg a prouvé sa richesse

marito dell'arciduchessa Cristina. Un lampadario a sei braccia e un orologio in porcellana di Meissen, collocato in un angolo, completano l'arredamento del locale.

## 60, 69, 84 I giardini riservati alla famiglia imperiale (Kammergärten)

Tipici del parco alla francese sono non solo le grandi superfici, dette «parterres», e le relative zone di congiunzione, ma, come per qualsiasi forma architettonica, gli spazi e le piccole superfici che si trovano tra questi. Particolarmente nel Rococò i giardini furono realizzati in maniera fantasiosa e varia, per esempio, come labirinto, come boschetto ombroso con angoli nascosti oppure come zone di culture particolari («Rosarium»). Nel progetto per il giardino di Schönbrunn, opera di Boos (1780 – vedi pag. 85), vediamo molte piccole zone a giardino di queste tipo. Spesso portavano nomi come «ventaglio» o «giostra», in quanto essi rispecchiavano la loro forma. Il labirinto di Schönbrunn, nella parte ovest della grande «parterre», come possiamo vedere nel dipinto di Bellotto (pag. 68) a sinistra, non esiste più dal 1892 per ragioni di moralità. Due giardini, già all'epoca di Maria Teresa, erano riservati alla famiglia imperiale. Intorno al 1770 furono costruite delle arcate in ferro, oggi ricoperte di rose rampicanti (pag. 88), e furono eretti dei graziosi padiglioni in legno, i cui soffitti furono decorati da allievi e collaboratori di Bergl. Le cosiddetta stanza di Bergl, che si trovava al pianterreno del Castello e quanto descritto precedentemente, non sono un fatto artistico casuale, bensí la realizzazione del principio barocco secondo il quale natura ed architettura debbono essere all'unisono. Il giardino, ad est, ha preso il nome, dal 1875, di «Kronprinzgarten» o giardino del principe ereditario. A quei tempi i locali furono trasformati in appartamento per il principe ereditario Rodolfo (1858/59). Il giardino occidentale fu riservato invece al padre, Francesco Giuseppe, e continuò a chiamarsi «Kammergarten».

## 62–63 Le stanze di Rosa

Tra la stanza degli specchi e la piccola stanza cinese rotonda, vi sono, verso il giardino, tre stanze, tipici ambienti di rappresentanza, dove si trovano dei dipinti di Giuseppe Rosa. L'artista proveniva dalla famiglia di pittori tedesco-fiamminga Roos; lavorò a Dresda, prima di essere chiamato a Vienna da Giuseppe II nel 1772, dove diresse la galleria imperiale. La serie dei paesaggi alpini con contadini, pastori e greggi, risalgono agli anni 1760–1765, quando l'artista era al servizio del Re di Polonia. Fu a Vienna contemporaneamente a Bellotto, che aveva pure operato a Dresda. I paesaggi di Rosa sono pervasi da quell'entusiasmo preromatico per la natura e per la storia; e questo fatto è particolarmente evidente i uno dei dipinti nella grande stanza che rappresenta i resti della fortezza di Habsburg nell'Aargau. Qui si trova anche un ritratto di Maria Teresa che ebbe la strana idea di rinchiudere in cornici rococò selvagge montagne svizzere.

## 62, 64–65 Salone degli arazzi

Gli arazzi sono presenti in tutti i palazzi principeschi del Barocco. Sono l'eredità del Rinascimento che considerava i tappeti tessuti una decorazione, variabile, delle pareti; erano ritenuti requisiti indispensabili di una corte principesca.

Nel XVI e XVII secolo importantissimi erano gli arazzi di provenienza fiaminga; solo nella seconda metà del XVII secolo acquistarono importanza anche i prodotti francesi grazie all'apertura della fabbrica Gobelin a Parigi. Ancor oggi gli arazzi vengono spesso erroneamente chiamati «Gobelins»; è il caso di quelli che sono esposti sin dal 1873 nella grande sala dell'ala est di Schönbrunn. Si tratta, e ciò vale anche per la stanza di Napoleone, di arazzi provenienti da Bruxelles (XVIII secolo). I sedili e le spalliere delle sei poltrone che si trovano nel salone dei Gobelins, rappresentano, con deliziose scene, i dodici mesi dell'anno. Si tratta di un lavoro molto minuto. Modelli per tutte queste scene furono i dipinti del pittore fiammingo Davide Teniers, il Giovane (1610–1690): di lui si trovano, nelle maggori pinacoteche, rappresentazioni vivaci e precise della vita del popolo.

## 67 La ninfa Egeria

Si deve all'imperatore Matteo (1612–1619) la scoperta di quella sorgente d'acqua che diede il nome al castello di Schönbrunn. Ancor oggi si può ammirare l'apide commemorativa, con le iniziali dell'Imperatore, là dove la sorgente fu incanalata. Nel 1683 fu distrutta una statua dal cui senosgorgava l'acqua della sorgente. Maria Teresa fece costruire, al di sopra della sorgente, un riparo a forma di grotta e affidò allo scultore Guglielmo Beyer il compito di scolpire una nuova statua. Costui raffigurò la ninfa Egeria che appartiene alla tradizione antico-romana. Secondo la leggenda, questa era la consigliera del pacifico re di Roma, Numa Pompilio. A lei è dedicata ancor oggi, sulla Via Appia, una grotta chiamata appunto «bosco sacro».

## 68 Venduta del castello di Schönbrunn dalla parte del giardino, intorno al 1759/60

Le vedute di Schönbrunn (vedi pag. 26, 27), opera di Bernardo Bellotto, sono inestimabili testimonianze che ci mostrano quale era l'aspetto e la posizione del Castello rispetto a Vienna.

Nella veduta della parte verso il giardino sono riconoscibili, sullo sfondo, il campanile di S. Stefano e la cupola di S. Carlo. A Schönbrunn la famiglia era realmente «in campagna». Il dipinto rende perfettamente l'idea del tipo di giardino che vi era all'epoca e delle modifiche che Maria Teresa vi aveva fatto apportare evidentemente già intorno al 1750.

Al posto di ornamentazioni in pietra e bassi cespugli, tali da far assomigliare questo giardino ad un ricamo (donde il nome giardino à borderie), vediamo delle grande aiole, interrotte da cerchi e da spirali, che giungono fino al limite estremo del giardino stesso. Nella parte centrale si trovava ancora la fontana, a forma di stella, di Fischer von Erlach. Nelle parti longitudinali le aiole sono delimitate da cespugli di rose. Parallelamente a questi corrono delle file di aranci piantati in mastelli di legno e strette aiole con alberi di tasso. Non erano ancora presenti le sculture che oggi limitano il giardino.

## 68–71, 74–79 Der Garten und die Gartenplastiken

Wiederholt wurde auf das Phänomen der Durchdringung von Natur und Architektur im barocken Lustgarten hingewiesen. In Schönbrunn ist niemals ein stilistisch einheitlicher Zustand erreicht worden, da sich die Arbeiten jahrzehntelang hinzogen. Der Skulpturenschmuck sowie die wichtigsten Werke der Parkarchitektur wurden erst nach mehrmaliger Planänderung in den siebziger Jahren fertiggestellt, brachten also wesentliche Elemente des Klassizismus in einen Garten, der seinerseits bereits die Wandlung von Barock zum Rokoko erduldet hatte. Über die Aufstellung der einzelnen Skulpturen war man sich schließlich gar nicht mehr sicher, sondern änderte diese mehrmals. Das thematische Konzept hatte Staatskanzler Fürst Anton Wenzel Kaunitz entworfen. Er beabsichtigte eine mythologisch-historische Illustration der Natur, die sowohl politische Anspielungen enthielt als auch belehrend wirken sollte.

Im Jahre 1765 übernahm Ferdinand von Hohenberg die baukünstlerische Leitung der Arbeiten; um 1772 begann der Bildhauer Johann Chr. Wilhelm Beyer, der 1769 aus Gotha nach Wien gekommen war, die Skulpturen zu entwerfen und sie mit seinen Mitarbeitern auszuführen. Mehr als ein Dutzend Meister unterschiedlicher Begabung arbeiteten an den marmornen Bildwerken der Götter und Helden der Antike, die rundum im Garten aufgestellt werden sollten. An den Kreuzungspunkten der beiden diagonalen Alleen mit der mittleren, der sogenannten Linden-Allee, wurden zwei große Bassins angelegt. Das Sternbassin wurde vom Parkett, wo es vor der Freitreppe des Schlosses gewesen war – wie man auf Bellottos Gemälde sehen kann (Seite 68) – in die Tiergartenallee übertragen, während das runde Bassin neu gebaut wurde.

Zwischen 1775 und 1780 wurden schließlich die drei mächtigsten Werke der Gartenarchitektur nach Hohenbergs Plänen errichtet, die Gloriette (Seiten 35, 72, 73), die Römische Ruine (Seiten 70, 71) und der Neptunbrunnen (Seiten 62, 96). Mit diesen Bauwerken hat Hohenberg seinen Ideenreichtum und seine Meisterschaft bei der Ausführung bewiesen. Die sogenannte Römische Ruine ist dabei in jeder Hinsicht das außergewöhnlichste Werk. Schon die Barockzeit liebte Gemälde mit Ruinenphantasien, aber erst die Romantik sollte sie tatsächlich errichten, wofür es in der Umgebung Wiens nicht an Beispielen fehlt. Die Schönbrunner Ruine nimmt zwischen beiden Epochen eine eigentümliche Stellung ein. Vor der bühnenartig geöffneten Architektur mit dem mächtigen Bogen liegt ein Bassin, das den Betrachter zur Distanz zwingt. Im Wasser steht eine Figurengruppe von Beyer, angeblich die Vereinigung der Moldau mit der Elbe darstellend, die den romantischen Zug der Anlage betont.

Mit einer ähnlichen Komposition – die Vereinigung der Enns mit der Donau versinnbildlichend – hat Beyer auch die Grotte geschmückt, auf die Hohenberg einen Obelisken stellte, der von einem Adler bekrönt und von vier Schildkröten getragen ist. Falsche Hieroglyphen geben vor, die Geschichte des Hauses Habsburg zu erzählen.

## 68, 78, 80, 81 Die Bergl-Zimmer

Im Jahre 1891 entdeckte man unter der grauen Wandbespannung – man nannte sie damals Spalierung – einiger Räume im östlichen Erdgeschoßtrakt des Schlosses die Wandmalerei Johann Bergls wieder, die er 1769–1777, teilweise mit Martin Steinrucker geschaffen hatte.

Es ist eine eigenartig exotische Welt, die einen hier umfängt. Wände und Decken sind von einer Landschaftsmalerei bedeckt, die die Illusion einer weiten, von fremdartigen Vögeln und Tieren belebten Welt vermittelt. Auch hier tritt uns nicht die unberührte Natur entgegen, denn durch Laubengänge und Bögen einer Gartenarchitektur, wie sie uns auch im Kammergarten begegnet, blicken wir über Balustraden und an Rokokovasen vorbei in die Gärten prächtiger Villen und Tempel. Der Vordergrund ist mit üppig wuchernden Pflanzen und vielgestaltigen Früchten ausgefüllt. Es ist nicht zu übersehen, daß Bergl exakte Darstellungen von Tieren und Pflanzen gegeben hat, die auf Naturstudien beruhen müssen, die er ohne Schwierigkeiten in den Schönbrunner Glashäusern gemacht haben könnte. Auch bei den Botanikern mag er sich so manchen Rat geholt haben, als er die Welt der Tropen in die kühlen Räume des Erdgeschoßes hereinholen wollte. Maria Theresia sollen sie als „Sommerzimmer" gedient haben, wenn es ihr in der Nobeletage zu schwül wurde.

## 81–83 Botanik und Zoologie in Schönbrunn

Die Worte Dilettant und dilettantisch haben erst heute einen negativen Beiklang. Im 18. Jahrhundert war ein Großteil von dem, was wir heute Wissenschaft nennen, noch in Händen von Dilettanten. Insbesondere fürstliche Personen haben durch ihre Liebhabereien auf naturwissenschaftlichem oder technischem Gebiet entscheidende Fortschritte erreicht oder gefördert. Nicolaus Joseph von Jacquin (1727–1817) war der wissenschaftlich bedeutendste der Gelehrten, die Kaiser Franz I. in seinen Kreis holte. Seine Publikation über den Schönbrunner Botanischen Garten „Plantarum rariorum horti Caesarii Schoenbrunnensis descriptiones et icones" enthält, wie der Titel sagt, nicht nur descriptiones – Beschreibungen –, sondern auch icones – Abbildungen von seltener Pracht und Schönheit, die auf Jacquins eigene Aquarelle zurückgehen. Kaiser Franz I. wandte dem Botanischen Garten und der Menagerie sein ganz besonderes Interesse zu. Er pflegte Kontakt mit den Wissenschaftlern ebenso wie mit den Gärtnern, förderte Sammelreisen und Expeditionen, sowie wissenschaftliche Publikationen darüber und „dilettierte" als Gärtner, wie eine hübsche Tuschzeichnung von Franz Walter zeigt (Seite 83). Seine Gäste führte der Kaiser gerne selbst in den Holländischen Garten und die Menagerie, wo der Mittelpavillon, ein Lieblingsaufenthalt des Kaiserpaares, ihm und seinen Gästen Gelegenheit gab, die ganze Anlage zu überschauen. Der Pavillon ist schon von Jadot geplant, aber erst 1759 nach einem Entwurf von J. F. Blondel gebaut und von Vincenz Fischer mit einem Deckengemälde geschmückt worden. Im Pavillon hängen Ölbilder von Tieren, die damals in der Menagerie gehalten wurden; sie sollen von Franz Fuxeder stammen. Unvergleichlich eindrucksvoller sind allerdings die 1724 datierten Tierbilder Johann Georg von Hamiltons (vgl. Seiten 36/37) aus der kaiserlichen Gemäldegalerie, sie könnten zugleich als lebensvolle, exakte Illustrationen eines Tieratlas dienen. Im Bereich des Holländischen Gartens gab es von Anfang an auch Treibhäuser, die ebenso wie die Große Orangerie östlich des Schlosses beheizt werden konnten. Zu Beginn des 19. Jahrhunderts gab

In 1765 Ferdinand von Hohenberg assumed responsibility for the execution of the scheme; in 1772 the sculptor Johann Chr. Wilhelm Beyer, who had come to Vienna from Gotha in 1769, began having his assistants carry out the designs he had conceived. More than a dozen different "masters" of varying abilities worked on the marble images of the mythological gods and heroes to be placed about the park. At the intersection of the two diagonal avenues with the middle longitudinal one, the so-called "Linden Avenue", two large ponds had been foreseen. The star-shaped basin was transferred from the avenue in front of the open-air flights of steps – visible in Bellotto's painting (p 80) – to the avenue leading to the zoo; the round pond was newly constructed.

Between 1775 and 1780 the three most imposing constituents of the park were completed in conformance to Hohenberg's desings: the Gloriette (pp 35, 72, 73); the Roman Ruins (pp 70, 71); and the Neptune Fountain (pp 62, 96). With these additions Hohenberg demonstrated his wealth of vision and mastery of execution. The so-called Roman ruins are, in every respect, the most extraordinary work. Although the Baroque exhibits a predilection for paintings of fantastic ruins, Romanticism was the first epoch to see them actually erected – of which Vienna has countless examples. The ruin at Schönbrunn occupies a peculiar position between the two periods. In front of the open, stage-like structure with the mighty arch stands a basin, which keeps the observer at a certain distance. The group of figures by Beyer in the water, said to depict the confluence of the Moldau and Elbe rivers, intensify the romantic aspects of the layout.

Beyer adorned the grotto with a similar composition – this time symbolizing the converging rivers Enns and Donau. On top of the grotto, Hohenberg placed an obelisk surmounted by an eagle and supported by four turtles. Pseudo-hieroglyphs allegedly relate the history of the House of Habsburg.

## 68, 78, 80, 81 The "Bergl" Rooms

In 1891 some paintings came to light from behind the gray wall-hangings – called espalier then – of a few rooms of the east wing ground floor. They were the murals of Johann Bergl, completed partly with the assistance of Martin Steinrucker, which he had created in the years 1769 to 1777.

To enter these rooms is to enter into a strange and exotic realm. The walls and ceilings convey the illusion of a wide expanse inhabited by strange birds and animals. Here, too, the observer does not encounter untouched nature. Instead, we peer over balustrades and rococo vases, and through arcades and arches, into the parks of splendid villas and tempels. The foreground is overgrown with proliferating plants and multi-shaped fruits. Nevertheless it must not be overlooked that the exact depictions of flora and fauna must be been modeled after detailed sketches that Bergl could easily have drawn in the various hothouses of Schönbrunn. It is also likely that the expertise of a botanist enabled him to suffuse the cold rooms of the ground floor with the warmth of the tropics. The rooms are said to have been used by Maria Theresia as "summer quarters" when it became too humid on the upper, "noble" floors.

## 81–83 Botany and Zoology at Schönbrunn

The words "dilettante" and "dilettantish" today have pejorative connotations. In the eighteenth century, however, much of what we now term science was in the hands of dilettantes. Princely personages, especially, were able to either make or promote scientific advances thanks to their passions for natural history or technology. Nicolaus Joseph von Jacquin (1727–1817) was the most important scholar of science in Emperor Franz I's circle. His publication on the botanic garden of Schönbrunn, "Plantarum rariorum horti Caesarii Schoenbrunnensis descriptiones et icones" includes not only "descriptiones", or descriptions, but also "icones", or pictures of rare beauty based on Jacquin's own watercolors.

Emperor Franz I was keenly interested in the botanic garden and the "menagerie". He cultivated ties to both scientists and gardeners, subsidizing research and field expeditions as well as scientific publications. In addition, he was a "dilettante" horticulturist himself, as shown in the ink drawing by Franz Walter (p 83). The Emperor served as personal guide when showing his guests through the Dutch Garden and the Menagerie; from the Middle Pavillion, one of the imperial couple's favorite spots, they had a view of the entire grounds. The pavillion had already been conceived by Jadot, but it was not built until 1759 to designs by J. F. Blondel. Vicenz Fischer embellished it with a ceiling mural. The pavillion also contains oil paintings of animals kept in the zoo then, by Franz Fuxeder. Incomparably more impressive, however, are the depictions of animals by Johann Georg von Hamilton, dated 1724 (see pp 36, 37), that hung in the imperial art gallery. They are simultaneously both first-class works of art and exact illustrations suitable for an atlas.

Within the compass of the Dutch Garden there were hothouses from the very beginning which, like the large orangery east of the palace, could be heated. At the beginning of the nineteenth century there were more than a dozen such conservatories, which were to be replaced by a single large glasshouse in 1869. The "Palmenhaus" hothouse, which takes up almost all of the Dutch Garden, was finally completed in 1881 (p 68). It is a typical iron construction of the type regarded at the time as a significant technical advance, which made possible such sensations as the Eiffel Tower or Vienna's giant ferris wheel, the "Riesenrad". The building technique was applied to greenhouses in England in 1830.

## 86 The Fountain Statuary of the Parade-Ground

Fountains were designed by Fischer von Erlach for both halves of the so-called "Ehrenhof", which can be recognized in Bellotto's courtyard veduta. They are adorned with a group of figures. Under Maria Theresia the baroque statuary had to make way for a smaller, neo-classical one that alloted more visual space to the water. Johann B. Hagenauer created the left group of figures as allegorical representations of the Kingdoms of Galicia and Lodomeria and the Principality of Transylvania, all of which traced their origins to the division of Poland in 1772.

d'idées et sa maîtrise dans l'exécution. La ruine Romaine est, des trois, à tout égard, l'œuvre la plus originale. Déjà, à l'époque baroque, on appréciait les tableaux aux ruines de fantaisie, mais c'est seulement à l'époque romantique qu'on les construisit vraiment; il n'en manque pas de nombreux exemples aus alentours de Vienne. La ruine de Schönbrunn occupe entre les deux époques une place toute particulière. Devant l'édifice, ouvert comme un décor de théâtre, avec son arcade puissante, est situé un bassin qui oblige à le contempler d'une certaine distance. Dans l'eau se dresse un groupe de statues de Beyer qui accentue le caractère romantique de l'ouvrage.
Beyer a aussi, avec une composition du même genre décoré la grotte sur laquelle Hohenberg dressa un obélisque couronné d'un aigle et porté par quatre tortues. De faux hiéroglyphes prétendent raconter l'histoire de la maison des Habsbourg.

## 68, 78, 80, 81 Les salles de Bergl

En 1891, on découvrit sous les tentures grises de quelques pièces du reiz-de-chaussée de l'aile est du château les peintures murales de Johann Bergl qu'il avait créées dans les années 1769 à 1777, en partie avec le peintre Martin Steinrucker. C'est un monde d'un exotisme étrange qui nous environne ici. Les murs et les plafonds sont recouverts d'une peinture de paysages qui donne l'illusion d'un monde lointain animé par des oiseaux et des animaux étranges. Le premier plan représente un foisonnement exéburant de plantes et de fruits de toutes sortes. On ne peut ne pas remarquer que Bergl a fait des reproductions si exactes des animaux et des plantes qu'elles doivent dêtre fondées sur des études d'après nature qu'il aurait pu faire sans difficulté dans les serres de Schönbrunn. Sans doute, il aura aussi maintes fois fait appel aux botanistes lorsqu'il a fait entrer le monde des tropiques dans les pièces fraîches du rez-de-chaussée. Elles ont, paraît-il, servi à Marie-Thérèse de «pièces pour l'été» lorsque celles de l'étage d'apparat devenaient suffocantes.

## 81–83 Botanique et zoologie à Schönbrunn

Au 18 ème siècle, les personnages princiers ont contribué, par l'intérê qu'ils montraient aux sciences naturelles et de la technique, à les faire progresser de manière décisive. Nicolaus Joseph von Jacquin (1727–1817) était, parmi les savants dont s'entoura François Ier, le scientifique le plus éminent. Sa publication sur le jardin botanique de Schönbrunn contient non seulement des descriptiones – descriptions – mais aussi des icones – des représentations d'une beauté et d'une qualité rares qui s'inspirent des propres aquarelles de Jacquin.
L'empereur François Ier fit montre d'un intérêt tout particulier pour le jardin botanique et la ménagerie. Il entretenait des rapports aussi bien avec les scientifiques qu'avec les jardiniers; il encourageait les voyages d'herboristerie et les expéditions ainsi que les publications scientifiques sur ces sujets. Il fit ses preuves de jardinier «amateur» comme nous le montre un ravissant dessin à la plume de Franz Walter (page 83). Il aimait à conduire lui-même ses invités dans le jardin hollandais et la ménagerie où le pavillon central, un endroit favori du couple impérial, lui permettait, ainsi qu'à ses invités, de jouir d'une belle vue d'ensemble. Le pavillon avait été projeté par Jadot mais fut seulement construit en 1759 d'après un plan de J. F. Blondel, la fresque du plafond a été peinte par Vincenz Fischer. Des peintures à l'huile représentant des animaux de la ménagerie sont suspendues dans le pavillon; elles sont dûes, parait-il, à Franz Fuxeder. Mais les peintures d'animaux de la galerie impériale de peintures exécutées en 1724 par Johann Georg von Hamilton (voir pages 36/37) sont sans comparaison bien plus impressionnantes. Ces œuvres artistiques de toute première qualité pourraient servir en même temps d'illustrations à un atlas sur la faune tant elles sont exactes et vivantes.
Il exista aussi depuis le début dans le jardin hollandais des serres qu'il était possible de chauffer de même qu'également la Grande Orangerie à l'est du château. Au commencement du 19 ème siècle, il y avait déjà plus d'une douzaine de serres de ce genre qu'on comptait, depuis 1869, remplacer par un nouveau bâtiment. La Grande Serre des palmiers qui occupe presque toute la surface du jardin hollandais fut finalement terminée en 1881 (page 68). C'est une de ces constructions de fer qui passaient pour être les conquêtes les plus importantes de la technique et qui rendirent possible l'édification de bâtiments sensationnels comme la tour Eiffel ou la grande Roue. Ce genre de construction fut mis au point en Angleterre vers 1830 au cours de la construction de serres.

## 86 Les fontaines de la cour d'Honneur

Fischer von Erlach avait projeté des fontaines dans les deux parties de la cour d'Honneur comme on peut le voir distinctement sur la vue de la cour de Bellotto; elles sont chacune décorée d'un groupe de plusieurs statues. Sous Marie-Thérèse, ces sculptures baroques durent céder la place à d'autres, plus petites, de style néo-classique. Celles de gauche, exécutées par. J. B. Hagenauer sont une allégorie des royaumes de Galicie et de Lodomérie, fondés en 1772 après le partage de la Pologne et de la principauté de Transylvanie.

## 87–89 Napoléon et son fils, le duc de Reichstadt

La chambre de Napoléon, située dans l'aile est du château de Schönbrunn, ne porte peut-être pas son nom à bon droit car on ne sait pas exactement dans quelle chambre Napoléon dormit lors de ses deux séjours à Schönbrunn. Toujours est-il qu'il habita les pièces que Marie-Thérèse avait fait remeubler après la mort de son mari et décorer en partie de façon infiniment précieuse. Auparavant, cette chambre dite de Napoléon avait été la chambre à coucher de Marie-Thérèse où se dressait le lit de parade et donc la chambre où elle mit au monde plusieurs de ses enfants.
Les troupes napoléoniennes occupèrent Vienne en novembre 1805 et, en décembre, après la bataille des Trois empereurs à Austerlitz, l'empereur des Français emménagea à Schönbrunn où il resta jusqu'au 26 décembre, date de la signature à Schönbrunn de la paix de Presbourg. Il vint pour la deuxième fois à Vienne en mai 1809 et séjourna pendant environ 6 mois à Schönbrunn jusqu'à ce

## 68–71, 74–79 Il giardino e le sue statue

Nel giardino barocco, come si ebbe già a dire, natura ed architettura sono profondamente compenetrate. A Schönbrunn non si riscontra un'unità stilistica in quanto i lavori si sono protratti per decenni. Le sculture, così come le opere architettoniche del giardino, subirono molte trasformazioni e solo verso il 1770 questo acquista la sua struttura definitiva. Furono inseriti elementi classicheggianti in un ambiente che rappresenta già chiaramente il passaggio dal Barocco al Rococò. La collocazione delle singole statue fu un'operazione che richiese riflessione: si ha ragione di credere che furono fatti diversi tentativi prima di giungere alla sistemazione definitiva.
Il cancelliere di stato, principe Antonio Wenzel Kaunitz, aveva stabilito che cosa dovesse rappresentare il giardino di Schönbrunn: doveva essere una illustrazione storico-mitologica della natura (con riferimenti politici) con un fine didattico, nel contempo.
Nel 1772 lo scultore Giovanni C. Guglielmo Beyer, che proveniva da Gotha, cominciò a progettare e ad eseguire, con i suoi collaboratori, le statue. Una dozzina e più di maestri, diversi per provenienza e capacità, cominciarono a lavorare alle statue degli dei e eroi dell'antichità che dovevano trovare posto lungo il perimetro del giardino. Nei punti di incontro dei due viali diagonali con quello mediano, il cosiddetto viale dei tigli, furono collocate due grandi fontane. Quella a forma di stella che si trovava nelle immediate vicinanze del Castello, là dove finiva la grande scalinata esterna, poi abbattuta (vedi il dipinto di Bellotto a pag. 68), fu sistemata nel viale del giardino zoologico. La fontana rotonda invece fu costruita ex novo.
Secondo il progetto di Hohenberg, tra il 1775 e il 1780 furono ultimate le tre opere più imponenti del giardino: la Gloriette (pagg. 35, 72, 73), i resti romani (pagg. 70, 71), la fontana di Nettuno (pagg. 62, 96). Queste opere sono una chiara dimostrazione della ricchezza di idee e della capacità di esecuzione di Hohenberg. La costruzione più curiosa è rappresentata dai resti romani. Già il Barocco amava i dipinti con raffigurazioni di rovine. Queste però furono costruite concretamente in epoca romantica.
E intorno a Vienna gli esempi non mancano. Le rovine di Schönbrunn occupano un posto particolare in quanto sono state eseguite a cavallo di due epoche. Davanti ad un possente arco, sistemato in un grandioso ambiente naturale, è collocata una fontana, che, per essere ammirata, ha bisogno di esser vista a distanza. Nell'acqua si trova un gruppo scultoreo di Beyer che dovrebbe rappresentare l'unione della Moldava con l'Elba. Quest'opera sottolinea ulteriormente il carattere romantico del giardino. Beyer ha sistemato nella grotta un gruppo analogo (unione dell'Enns col Danubio). Al di sopra di questo, Hohenberg vi ha posto un obelisco, sostenuto da quattro tartarughe, sulla cui sommità è posata un'aquila. Dei falsi gerolifici racconterebbero la storia della casa asburgica.

## 68, 78, 80, 81 Le Stanze di Bergl

Nel 1891, al di sotto di una copertura in tessuto, in alcuni locali nella parte est del pianterreno del Castello, si possono ammirare degli affreschi di Giovanni Bergl, ai quali l'artista aveva lavorato negli anni 1769–1777 in parte da solo, in parte col collega Martino Steinrucker. E' questo un mondo strano, bizzarro; le pareti e il soffitto sono decorati con dei paesaggi che danno l'idea dell'ampiezza, ravvivati da uccelli e da animali esotici. Non è questa certo una natura vergine: attraverso archi e passaggi di un giardino (che ricorda da vicino i giardini imperiali!) godiamo di una splendida vista sui parchi che circondano meravigliose ville e templi. Su balaustrate poggiano vasi rococò, mentre in primo piano ci sono richissime piante e frutta diversa. Va osservato che Bergl è stato molto preciso nel dipingere animali e piante. Senza dubbio egli aveva preparato degli studi nelle ricche serre di Schönbrunn. Sicuramente gli sono stati d'aiuto anche i consigli fornitigli da alcuni botanici, soprattutto per quanto riguarda la raffigurazione dell'ambiente vegetale dei tropici. Maria Teresa utilizzava queste stanze come «stanze per l'estate», quando al piano nobile faceva troppo caldo.

## 81–83 Botanica e zoologia a Schönbrunn

Le parole «dilettante» e «dilettantistico» hanno acquistato solo ai nostri giorni un significato negativo. Nel XVIII secolo, quella che noi chiamiamo «scienza» era per lo più nelle mani di dilettanti. L'amore per la scienza o per la tecnica da parte di principi e mecenati, fece si che si facessero degli enormi progressi in questi campi e che si raggiungessero risultati insperati. Nicola Giuseppe von Jacquin (1727–1817) era, da un punto di vista scientifico, il più importante studioso all'epoca dell'imperatore Francesco I. Interessante è il suo lavoro sul giardino botanico di Schönbrunn: «Plantarum rariorum horti Caesarii Schoenbrunnensis descriptiones et icones». Come il titolo stesso dice, esso non contiene solo «descriptiones» (descrizioni), ma anche «icones», disegni di raro splendore e bellezza che hanno come modello alcuni acquarelli dello stesso Jacquin. L'imperatore Francesco I aveva un grande interesse per il giardino botanico e per quello zoologico. Era in stretto contatto con gli scienziati e con i giardinieri, finanziava viaggi scientifici e spedizioni, e si «dilettava» a fare il giardiniere, come mostra un delizioso disegno a china (pag. 83) di Franz Walter. L'Imperatore accompagnava personalmente gli ospiti a visitare il giardino olandese e lo zoo; dal padiglione centrale, luogo particolarmente caro alla coppia imperiale, si godeva di una vista impareggiabile. Il padiglione, già progettato da Jadot, fu costruito solo nel 1759 su disegno di J. F. Blondel e il soffitto fu decorato da Vincenzo Fischer. Nel padiglione si trovano numerosi quadri ad olio degli animali che, all'epoca, erano ospitati nel giardino zoologico. Probabilmente i dipinti sono di Francesco Fuxeder. Di incomparabile bellezza sono i dipinti di Giovanni Giorgio von Hamilton del 1724 (cfr. pag. 36, 37), che provengono dalla pinacoteca imperiale. Non solo sono dei veri capolavori d'arte, ma potrebbero trovar posto in un libro di zoologia.
Il giardino olandese comprendeva, fin dal primo momento, anche delle serre che venivano riscaldate come la grande «orangerie» a est del Castello. All'inizio del XIX secolo c'erano più di una dozzina di serre che, dal 1869, dovevano essere sostituite da una nuova costruzione. La grande serra delle palme che comprendeva quasi tutta l'area del giardino olandese fu ultimata nel 1881 (pag. 68). Si tratta di una di quelle costruzioni in ferro che, all'epoca, erano considerate un punto d'arrivo, estremamente importante, della tecnica.

es schon mehr als ein Dutzend solcher Glashäuser, die man seit 1869 durch einen Neubau ersetzen wollte. Das Große Palmenhaus, das fast das ganze Areal des Holländischen Gartens einnimmt, wurde schließlich 1881 fertiggestellt (Seite 68). Es ist eine jener Eisenkonstruktionen, die damals als die bedeutendsten technischen Errungenschaften galten und sensationelle Bauwerke wie den Eiffelturm oder das Riesenrad ermöglichten. Sie wurden um 1830 in England beim Bau von Gewächshäusern entwickelt.

## 86 Die Brunnengruppe im Ehrenhof

Springbrunnen plante schon Fischer von Erlach in beiden Hälften des Ehrenhofes und auf Bellottos Hofansicht erkennen wir sie deutlich. Sie sind mit einer vielfigurigen Gruppe geschmückt. Unter Maria Theresia mußten diese barocken Skulpturen kleineren, klassizistischen weichen, die dem Wasser größeren Raum gewährten, Johann B. Hagenauer schuf die linke der beiden, eine Allegorie der 1772 bei der Teilung Polens gegründeten Königreiche Galizien und Lodomerien und des Großfürstentums Siebenbürgen.

## 87–89 Napoleon und sein Sohn, der Herzog von Reichstadt

Das Napoleonzimmer im östlichen Flügel des Schönbrunner Schlosses trägt seinen Namen vielleicht gar nicht zu Recht, denn es ist nicht genau bekannt, in welchem Zimmer Napoleon während seiner beiden Aufenthalte in Schönbrunn schlief. Jedenfalls bewohnte er jene Räume, die Maria Theresia nach dem Tode ihres Gatten neu einrichten und teilweise überaus kostbar ausstatten ließ. Vorher war das sogenannte Napoleonzimmer ihr Schlafzimmer gewesen, in dem das Paradebett stand, und somit auch das Geburtszimmer mehrerer ihrer Kinder.
Napoleons Truppen besetzten Wien im November 1805 und der Kaiser der Franzosen zog nach der Dreikaiserschlacht bei Austerlitz im Dezember in Schönbrunn ein, wo er bis zur Unterzeichnung des Friedens von Preßburg blieb, die am 26. Dezember in Schönbrunn erfolgte. Zum zweitenmal kam Napoleon im Mai 1809 nach Wien und hielt sich etwa ein halbes Jahr in Schönbrunn auf, bis der harte Wiener Frieden im Oktober ausgehandelt war. Damals geschah es, daß während einer Truppenparade, die Napoleon im Ehrenhof abnahm, ein siebzehnjähriger Naumburger ein Attentat versuchte: der Patriot mußte seine Tat mit dem Leben bezahlen.
Im März des folgenden Jahres vermählte sich Napoleon mit der Erzherzogin Maria Louise, der Tochter Kaiser Franz' I. von Österreich; sein Sohn würde den ersten Herrscherhäusern der Welt ebenbürtig sein! An diesen Sohn – Napoleon II. – erinnern zahlreiche Gegenstände, die seine Mutter mit nach Wien brachte, als das Reich des Korsen zusammengebrochen war. Dazu gehört unter anderem der zierliche Kinderwagen, der im Jahre 1812 nach einem Entwurf Antonio Carassis von Tremblay in Paris gebaut worden war. Von den Franzosen „l 'aiglon" – der kleine Adler – genannt, wuchs der Prinz am Hofe seines österreichischen Großvaters auf. Er führte den Titel eines Herzogs von Reichstadt und wurde ängstlich von aller Politik ferngehalten. Am 22. Mai 1832 ist er in jenem Zimmer gestorben, das heute nach seinem Vater benannt wird, angeblich in dessen Bett.
Seine Erziehung folgte habsburgischen Traditionen und so wurde er zur Gartenarbeit und zum Studium der Botanik angehalten. Das hübsche Bildchen des Koblenzer Malers Carl von Sales (1791–1870) erinnert daran. Im Napoleonzimmer hängen seit 1873 Brüsseler Tapisserien des 18. Jahrhunderts, die nach Entwürfen von Hyacinthe de la Peigne gewirkt wurden.

## 90 Die österreichischen Insignien

Als der letzte Römisch-deutsche Kaiser Franz II. unter dem Druck der Napoleonischen Machtpolitik sich 1806 dazu entschloß das Reich aufzulösen, bildete der habsburgische Länderkomplex – das „Erbkaisertum Österreich" – eine Art „heimliches" Römisches Reich. Als Krone wählte man die 1602 für Kaiser Rudolph II. in Prag angefertigte Haus- und Privatkrone der Habsburger. Sie war das Staatssymbol bis 1918, gab der Währung den Namen und ziert noch heute viele offizielle Gebäude. Zu ihr ließ 1612 Kaiser Matthias einen Apfel und ein Zepter anfertigen, dessen Schaft ein Narwalzahn ist, den man für das Horn des Einhorns gehalten hatte.

## 90–95 Kaiser Franz Joseph I.

Der Kaiser hat selbst ein Leben als Soldat und Beamter geführt, er mißtraute Menschen mit schöpferischen Kräften. Obwohl er mit Anerkennungen nicht sparte, war er doch zu sehr mit dem Stolz seines Hauses erfüllt, um sich anderen ganz anzuvertrauen. Aus dem Bild von Franz v. Matsch (1881–1942) spricht seine Vereinsamung. Franz Joseph, 1848–1916 Kaiser von Österreich und Apostolischer König von Ungarn, König von Böhmen etc., ist Europas letzter Monarch „von Gottes Gnaden" gewesen, für den Österreicher ist er der alte Kaiser schlechthin. Fast wird darüber vergessen, daß auch er einmal jung war. Mit 18 Jahren bestieg er im Revolutionsjahr 1848 den Thron. In Schönbrunn hängt das offizielle Staatsbildnis dieser Jahre von Anton Einsle (1801–1871). Seine wunderschöne Gemahlin Elisabeth, eine bayerische Prinzessin, hat den zeremoniellen Zwang des Hofes so wenig ertragen können, daß sie sich abkapselte und später ruhelos durch Europa reiste. Das Porträt von Franz Russ (1844–1906) zeigt sie im Alter von 26 Jahren. Ihre größte Freude hatte sie an Pferden und Hunden. Den höfischen Festen aber blieb sie fern und machte den Wiener Hof zu einem Hof der Männer. Franz Joseph stützte seine Herrschaft in Österreich – seit 1866 in „Österreich-Ungarn" – auf die loyale Beamtenschaft und das übernationale Heer. Die Uniform verschaffte selbst dem jüngsten Leutnant den Zutritt zum Kaiser. Ein Zivilist mußte auf diese Ehre warten bis er einen hohen Orden bekam oder Hofrat wurde. Als sich 1857 der Stiftungstag des Militär-Maria-Theresien-Ordens zum hundertsten Male jährte, gab der Kaiser den Offizieren der Wiener Garnison ein Gastmahl im Schloßparterre und den „Theresienrittern" ein Bankett in der Großen Galerie. Fritz d'Allemand hat dieses Ereignis mit Gefühl für die festliche Stimmung und mit großer Kenntnis der Uniformen und Nationalkostüme sowie der Gala-Livreen der Lakaien festgehalten.

## 87–89 Napoleon and his son, the Duke of Reichstadt

The Napoleon Room in the east wing of Schönbrunn is an undeserved designation, as no one knows where Napoleon slept during his two Schönbrunn residences. It is known that he occupied the same rooms that Maria Theresia had had newly furnished subsequent to the death of her husband, some of which were lavishly decorated. Prior to that, the so-called Napoleon Room had served as her bedroom and the birthplace of many of her children – here the "Paradebett" had stood.
Vienna was occupied by Napoleon's troops in 1805, with the Emperor of the French nation installing himself in Schönbrunn following the "Three-Emperor-Battle" of Austerlitz in December. He remained at Schönbrunn until the Treaty of Pressburg was signed at the palace on the 26th of December. In May of 1809, Napoleon came to Vienna a second time and resided at Schönbrunn for half a year, until the Treaty of Vienna had benn negotiated in October. During a military parade that Napoleon was receiving in the courtyard parade ground, a seventeen-year-old lad from Naumburg attempted to assassinate the French emperor: the patriot paid for his fervor with his life.
In March of the following year Napoleon married Archduchess Maria Louise, the daughter of Franz' I of Austria's: an act which would confer upon Napoleon's son a rank equal to that of one of the first ruling houses of the world! Numerous objects brought to Vienna by Maria Louise after the collapse of the Corsican's empire are reminiscent of Napoleon II. Included among them is the elegant baby carriage built in Paris, in 1812, according to plans by Antonio Carassis of Tremblay. Called "l'aiglon", or the small eagle by the French, the Prince was reared at the court of his Austrian grandfather. He bore the title of Archduke of Reichstadt and was anxiously kept away from all politics. On May 22, 1832 he died in the room named today after his father – allegedly in the latter's bed.
Napoleon II's upbringing followed the established Habsburg traditions. Consequently he was introduced to horticulture and the study of botany, as shown by the charming little painting by Carl von Sales of Coblenz (1791–1870). By contrast, there is nothing to remind one of the great conqueror because the room underwent so many alterations. In 1873, the room was furnished for the last time with eighteenth-century Brussels tapestries, woven to the designs of Hyacinthe de la Peigne and depicting scenes from military life.

## 90 The Austrian Insignias

When Franz II was forced by Napoleon in 1806 to dissolve the Holy Roman Empire of the German Nation, the crown-lands of the House of Habsburg constituted a "secret" Roman empire. The crown made in Prague for Emperor Rudolf II, in 1602, remained the symbol of the empire until 1918, gave the currency its name and still adorns many official buildings. In 1612, Emperor Matthias added a matching orb and scepter, the shaft of which – the husk of a narwhal – was said to be from a unicorn.

## 90–95 Emperor Franz Joseph I

The emperor was a soldier and bureaucrat who mistrusted creativity. Although generous with his praise, he was too proud of his origins to enbosom himself to others. The painting by Franz v. Matsch (1881–1942) convey's the emperor's isolation.
Franz Joseph, from 1848 to 1916 Emperor of Austria and Apostolic King of Hungary, King of Bohemia, etc., was Europe's last monarch "by the grace of God". For Austrians he was simply the "Old Emperor" incarnate, they having forgotten that he was ever a young man. At the age of eighteen Franz Joseph relieved his uncle, Ferdinand, who had proved incapable of governing, ascending the throne during the "year of revolutions" in 1848. The official portrait from that year, by Anton Einsle (1801–1871), still hangs in Schönbrunn. During his reign Franz Joseph came both to know the magnificence and the misfortunes of autocracy and to experience the triumphs and tragedies of human nature: he was spared nothing. His beautiful wife Elisabeth, a Bavarian Princess, was so incapable of tolerating the ceremonial strictures of the Vienna Court and the influence of her mother-in-law – who was her own Bavarian aunt – that she withdrew into isolation and later wandered restlessly through all of Europe. She was twenty-six years old at the time of her portrait by Franz Russ (1844–1906). Horses and dogs were almost the sole sources of pleasure. Her refusal to attend ceremonial festivities made the Vienna Court a court of men.
Emperor Franz Joseph derived his power in Austria – since 1866 "Austria-Hungary" – from the loyal bureaucracy and the supranational military forces. For even the youngest Lieutenant, the uniform was an adequate visiting card for an audience with the emperor, whereas a civilian had to wait until he was either distinguished by a high order or appointed to Privy Councillor. On the centenary of the founding of the Military Order of Maria Theresia in 1857, the Emperor hosted a banquet in the Large Gallery for the "Knights of Theresia" and a dinner party for the officers of the Vienna garrison on the ground floor. Fritz d'Allemand has both captured the festive atmosphere of the celebration and admirably demonstrated his familiarity with the uniforms and national costumes of the officers as well as the gala-livery of the servants and lackeys.

que le difficile Traité de Vienne fut enfin réglé en octobre. C'est à cette époque-là qu'un jeune homme de Naumbourg, âgé de 17 ans, attenta à la vie de Napoléon alors que celui-ci assistait à une parade des troupes dans la cour d'Honneur: ce patriote dut payer son action de sa vie. En mars de l'année suivante, Napoléon épousa Marie-Louise, fille de l'empereur François Ier d'Autriche; de nombreux objets qu'elle rapporta à Vienne quand l'empire du Corse s'effondra nous font souvenir de son fils-Napoléon II. Il y a, entre autres, une jolie voiture d'enfant, exécutée en 1812 par Tremblay à Paris, d'après un croquis d'Antonio Carassis. «L'Aiglon» qui portait le titre de duc de Reichstadt grandit à la cour de son grand-père autrichien. Il est mort le 22 mai 1832 dans la chambre nommée aujourd'hui d'après son père et, parait-il, dans le lit de celui-ci.
Son éducation suivit les traditions habsbourgeoises; on lui fit donc étudier la botanique et apprendre le jardinage. C'est ce que nous rappelle le joli petit tableau d'un peintre de Coblence, Carl de Sales (1791–1870). Dans la chambre de Napoléon, rien par contre ne nous rappelle le conquérant car elle a été plusieurs fois redécorée; la dernière fois (en 1873) on y a tendu des tapisseries de Bruxelles du 18 ème siècle, tissées d'après des cartons d'Hyacinthe de la Peigne et qui représentent des scènes de la vie militaire.

## 90 Les insignes autrichiens

Lorsque, sous la pression de la politique de force napoléonienne, le dernier empereur du Saint Empire romain germanique, François II, se décida à dissoudre l'empire, les états habsbourgeois – «l'empire héréditaire d'Autriche» – forma une sorte d'empire romain «secret». Pour couronne, on choisit la couronne privée de la Maison des Habsbourg. Elle resta un symbole d'Etat jusqu'en 1918, donna son nom à la monnaie et orne encore aujourd'hui beaucoup de bâtiments officiels. Pour l'accompagner, l'empereur Matthias se fit faire en 1612 un globe et un sceptre dont le bras est constitué par une dent de narval qu'on avait pris pour la corne d'une licorne.

## 90–95 L'empereur François-Joseph Ier

L'empereur a mené une vie de soldat et de fonctionnaire; il se méfiait des personnes ayant des facultés créatrices. Quoiqu'il n'hésita pas à reconnaitre les mérites, il était cependant trop imbu de la fierté de sa Maison pour faire complètement confiance à quellqu'un d'autre. Son portrait par Franz von Matsch (1881–1942) traduit sa solitude.
François-Joseph, empereur d'Autriche et roi apostolique de Hongrie, roi de Bohême etc.... de 1848 à 1916, a été le dernier monarque par «la grâce de Dieu»; pour l'Autrichien, c'est simplement le vieil empereur. On oublie presque qu'il fut jeune lui aussi. A 18 ans, il monta sur le trône l'année de la révolution de 1848. Le portrait officiel de cette année là est suspendu à Schönbrunn; il est d'Anton Einsle (1801–1871). Elisabeth, sa femme, une belle princesse bavaroise, supporta si mal les contraintes du protocole de la cour qu'elle s'isola et, plus tard, voyagea sans relâche à travers l'Europe. Le portrait de Franz Russ (1844–1906) la montre à l'âge de 26 ans. Les chevaux et les chiens constituaient sa plus grande joie. Elle restait loin des fêtes de la cour et fit ainsi de la cour de Vienne une cour réservée aux hommes. Le pouvoir de François-Joseph en Autriché était fondé sur un corps loyal de fonctionnaires et sur une armée supranationale. L'uniforme permettait même au plus jeune des lieutenants d'obtenir accès auprès de l'empereur. Un civil, pour avoir cet honneur, devait attendre d'obtenir une haute décoration ou d'avoir été nommé conseiller aulique. Lorsqu'en 1857, ce fut le centenaire de la fondation de l'ordre militaire de Marie-Thérèse, l'empereur donna un festin dans le parc du château pour les officiers de la garnison viennoise et un banquet dans la Grande Galerie pour les «officiers de Marie-Thérèse». Fritz l'Allemand a fixé par l'image cet évènement avec beaucoup de sensibilité à l'atmosphère de fête et avec une connaissance admirable des uniformes et costumes nationaux ainsi que des livrées de gala des laquais.

## 86 Gruppo scultoreo per la fontana del cortile d'onore

Già Fischer von Erlach aveva inserito, in entrambe le parti del cortile d'onore, due fontane a zampillo che si possono chiaramente individuare anche nella veduta del cortile dipinta da Bellotto. Le fontane sono ornate con gruppi scultorei.
All'epoca di Maria Teresa queste possenti figure barocche furono sotituite da altre, più piccole e di stile classicheggiante, in quanto si voleva dare maggior spazio ai giochi d'acqua. A Giovanni B. Hagenauer si deve il gruppo scultoreo di sinistra, un'allegoria dei regni di Galizia, di Lodomeria e del Principato di Transilvania, fondati nel 1772, in seguito alla divisione della Polonia.

## 87–89 Napoleone e suo figlio, il duca di Reichstadt

La stanza di Napoleone, che si trova nell'ala est del Castello, porta forse ingiustamente questo nome in quanto non è affatto certo che l'Imperatore dei Francesi vi sia stato ospitato durante i suoi due soggiorni a Schönbrunn. E' comunque cosa sicura che abitò in quelle stanze che Maria Teresa, dopo la morte del marito, fece rinnovare e arredare, in parte, preziosamente. La stanza cosiddetta di Napoleone era stata prima la camera da letto di Maria Teresa: là si trovava un letto sontuoso. Questo locale vennero alla luce alcuni dei suoi figli.
Le truppe di Napoleone avevano occupato Vienna nel novembre del 1805; l'Imperatore dei Francesi, dopo la battaglia di Austerlitz, nel dicembre dello stesso anno, si insediò a Schönbrunn, dove rimase fino alla firma del trattato di pace di Bratislava, che ebbe luogo appunto a Schönbrunn il 26 dicembre. Napoleone venne, per la seconda volta, a Vienna nel maggio 1809 e vi si trattene per circa sei mesi, fino cioè alla firma della dura pace di Vienna, nel mese di ottobre dello stesso anno. In questa occasione avvenne che, durante una parata, nel cortile d'onore, un giovane di diciassette anni, originario di Naumburg, attentasse alla vita di Napoleone. Il giovane patriota pagò questo atto con la propria vita.
Nel marzo dell'anno seguente Napoleone sposò l'arcidichessa Maria Luisa, figlia dell'imperatore Francesco I d'Austria. In questo modo suo figlio avrebbe fatto parte, a buon diritto, di una delle maggiori casate del mondo. Vi sono molti oggetti, portati dalla madre a Vienna dopo la caduta del grande Corso, che ricordano la presenza di Napoleone II. Fra questi va menzionata la graziosa culla, costruita a Parigi nel 1812 su disegno di Antonio Carassi di Tremblay. Soprannominato dai francesi «l'aiglon» – l'aquilotto –, il principino crebbe alla corte del nonno materno. Nonostante fosse duca di Reichstadt, fu tenuto lontano da ogni forma di politica. Morì il 22 maggio 1832 in quella stanza che è intitolata oggi a suo padre, forse addirittura nel di lui letto.
Secondo la tradizione asburgica, per l'educazione di Napoleone II, si tennero in considerazione tanto il giardinaggio quanto lo studio della botanica, come si può vedere anche dal quadretto del pittore di Coblenza, Carlo von Sales (1791–1870). Nella stanza di Napoleone vi sono, sin dal 1873, delle tapezzerie di Bruxelles, eseguite su progetto di Hyacinthe de la Peigne.

## 90 Le insegne austriache

Quando l'ultimo imperatore tedesco del sacro romano impero, Francesco II, su pressione della politica napoleonica decise, nel 1806, di abdicare al titolo imperiale, l'insieme dei territori asburgici, e cioè – «l'impero ereditario austriaco» – costituiva una specie di regno romano ombra.
Come corona viene assunta quella eseguita nel 1602 per Carlo Rodolfo II a Praga, vale a dire, la corona del casato degli Asburgo. Essa è rimasta come simbolo dello stato fino al 1918, ha dato il nome alla moneta ed ancora oggi si può vedere riprodotta sugli edifici statali. Nel 1612 l'imperatore Matteo aveva aggiunto alla corona una mela e uno scettro, inserito in un fodero di dente di narvalo, che si credeva fosse il corno di un liocorno.

## 90–95 L'imperatore Francesco Giuseppe I

L'Imperatore condusse tutta la sua vita come soldato e impiegato, senza mai simpatizzare per persone dalle capacità creative. Benchè mai si risparmiasse nella fatica, era troppo orgoglioso del suo casato per dar fiducia a terzi. Il pittore Francesco v. Matsch (1881–1942) ha ben raffigurato il suo isolamento.
Francesco Giuseppe, dal 1848 al 1916 Imperatore d'Austria, Re apostolico di Ungheria, Re di Boemia ecc. fu, in Europa, l'ultimo monarca, «per grazia di Dio»; per gli austriaci è semplicemente «il vecchio Imperatore». Spesso ci si dimentica che anche lui era stato giovane. A 18 anni, nel 1848, anno dei grandi moti rivoluzionari, salì al trono. A Schönbrunn si può ammirare il dipinto ufficiale che narra l'avvenimento di questi anni, opera di Antonio Einsle (1801–1871). La sua splendida consorte Elisabetta, una principessa bavarese, non riuscì a sopportare le dure regole del cerimoniale di corte. Così si rinchiuse in se stessa e in seguito cominciò a viaggiare, senza pausa, per l'Europa. Il ritratto di Francesco Russ (1844–1906) ce la mostra all'età di ventisei anni.
Elisabetta aveva due grandi passioni: i cavalli e i cani. Si asteneva dal partecipare alle feste della corte, così che questa divenne, praticamente, esclusività degli uomini.
L'Imperatore fondò il suo potere in Austria (dal 1866 nell'Austria–Ungheria) su due perni: una schiera di fedeli impiegati e un esercito sovrannazionale. L'indossare l'uniforme consentiva anche all'ufficiale più giovane di conferire coll'Imperatore. Ciò era consentito a un civile solo nel caso dovesse ricevere un'onorificenza superiore o fosse nominato consigliere aulico. Nel 1867, in occasione del centenario della fondazione dell'ordine militare di Maria Teresa, l'Imperatore offrì un pranzo, al pianoterra del Castello, agli ufficiali della guarnigione di Vienna e un banchetto, nella grande galleria, ai cavalieri di Maria Teresa.
Federico d'Allemand ha fissato questo avvenimento ben rappresentando l'atmosfera solenne di questa occasione e dimostrando di avere una conoscenza molto profonda delle uniformi e dei costumi nazionali nonchè delle livree di gala dei lacchè.

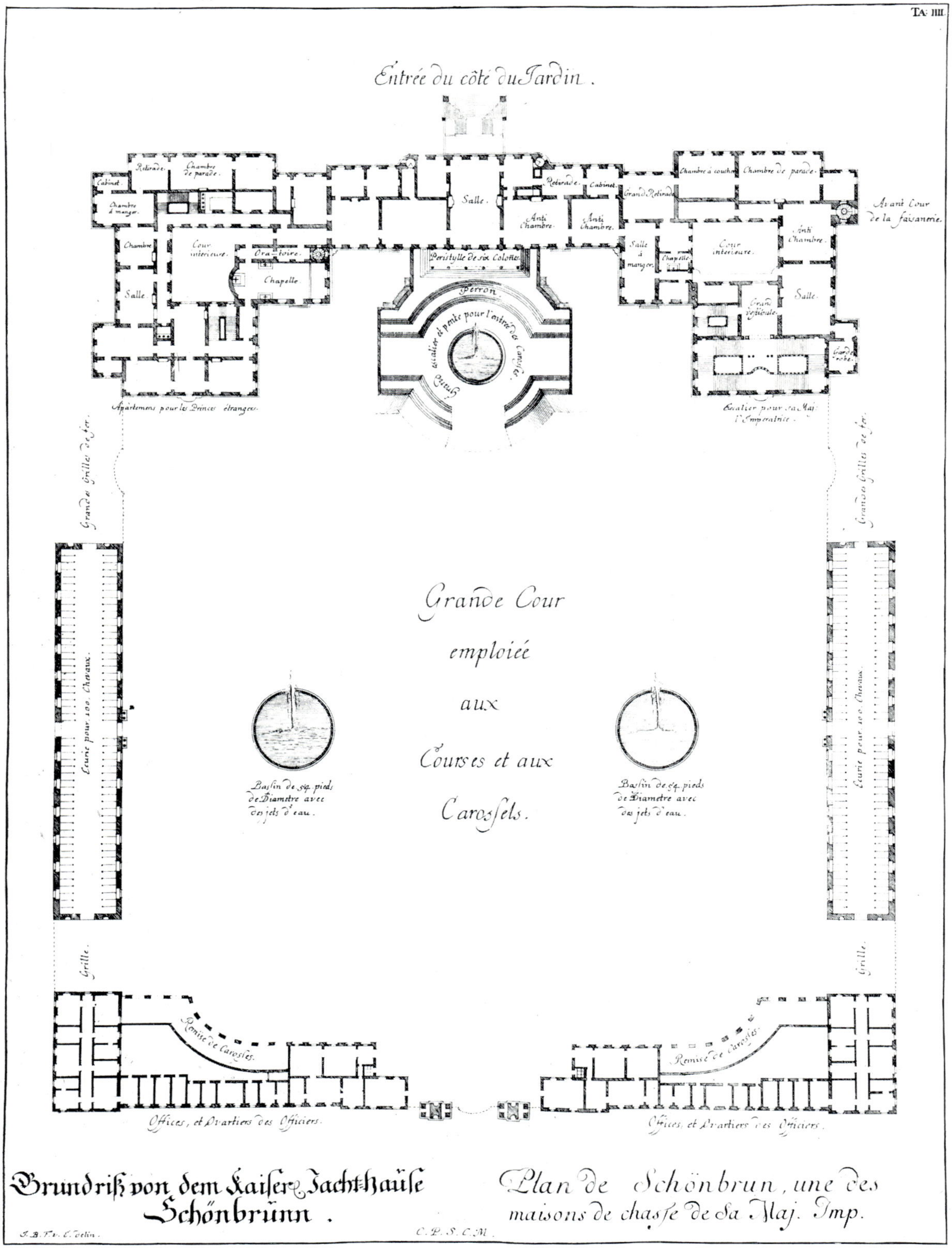


Fischer von Erlach, 1969

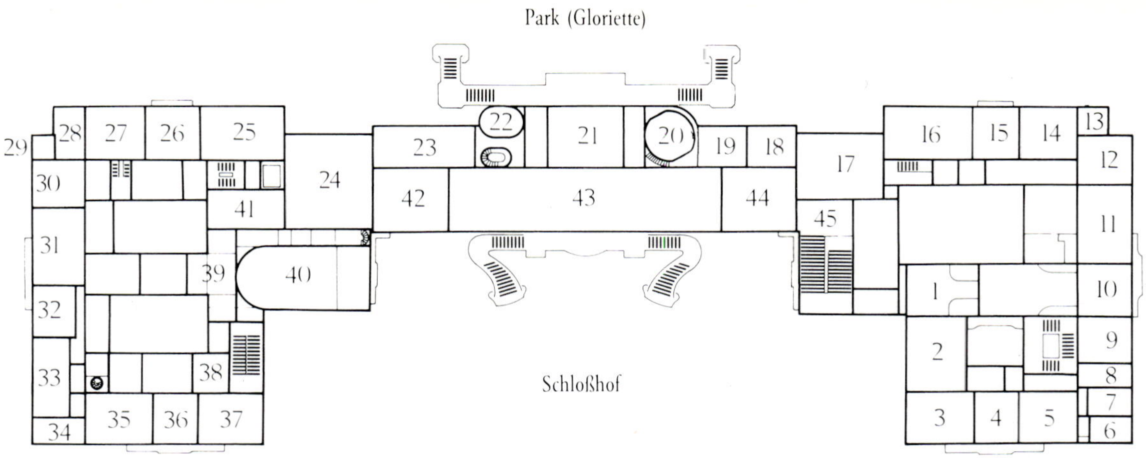


| | | | | |
|---|---|---|---|---|
| 1 | Gardezimmer | Guardroom | Salle des gardes | Stanza della guardia |
| 2 | Billardzimmer | Billiard Room | Salle du billard | Stanza del bigliardo |
| 3 | Nußbaumzimmer | Walnut Room | Salon en noyer | Stanza di noce |
| 4 | Arbeitszimmer Franz Josephs I. | Franz Joseph I's Study | Cabinet de travail de François-Joseph Ier | Studio di Francesco Giuseppe I |
| 5 | Schlafzimmer Franz Josephs I. | Franz Joseph I's Bedroom | Chambre à coucher de François-Joseph Ier | Camera da letto di Francesco Giuseppe I |
| 6 | Terrassenkabinett West | West Terrace Room | Le cabinet de la terrasse ouest | Stanzetta con terrazza – Ovest |
| 7 | Stiegenkabinett | Staircase Room | Le cabinet de l'escalier | Stanzino-scale |
| 8 | Toilettezimmer | Powder Closet | Le cabinet de toilette | Toeletta |
| 9 | Gemeinsames Schlafzimmer | Common Bedroom | Chambre à coucher commune | Stanza da letto comune |
| 10 | Salon der Kaiserin | Empress's Drawing-Room | Salon de l'impératrice Elisabeth | Salone dell'Imperatrice |
| 11 | Maria-Antoinette-Zimmer | Maria Antoinette Room | Salon de Marie-Antoinette | Maria Antonietta-Stanza |
| 12 | Kinderzimmer | Nursery (or Children's Room) | Chambre des enfants | Stanza dei bambini |
| 13 | Frühstückszimmer | Breakfast Room | Salle du petit déjeuner | Stanza della prima colazione |
| 14 | Gelber Salon | The Yellow Drawing-Room | Salon jaune | Salone giallo |
| 15 | Balkonzimmer | Balcony Room | Salle au balcon | Stanza con balcone |
| 16 | Spiegelsaal | Mirror Room | Salle des Glaces | Salone degli specchi |
| 17 | Großes Rosa-Zimmer | "Large Rosa" Room | Grand salon de Rosa | Stanza grande di Rosa |
| 18 | 1. Kleines Rosa-Zimmer | First "Small Rosa" Room | Premier petit salon de Rosa | 1. Stanza piccola di Rosa |
| 19 | 2. Kleines Rosa-Zimmer | Second "Small Rosa" Room | Deuxième petit salon de Rosa | 2. Stanza piccola di Rosa |
| 20 | Chinesisches Rundkabinett | Round Chinese Room | Cabinet chinois rond | Stanzetta cinese rotonda |
| 21 | Kleine Galerie | Small Gallery | Petite Galerie | Piccola galleria |
| 22 | Ovales Chinesisches Kabinett | Oval Chinese Room | Cabinet chinois ovale | Stanzetta cinese ovale |
| 23 | Rösselzimmer | "Rössel" Room | Salon des Chevaux | Stanza dei cavalli |
| 24 | Zeremoniensaal | Ceremonial Hall | Salle des Cerémonies | Sala delle cerimonie |
| 25 | Blauer Chinesischer Salon | Blue Chinese Drawing-Room | Salon chinois bleu | Salotto cinese azzurro |
| 26 | Vieux-Laque-Zimmer | "Vieux-Laque" Room | Salon Vieux-Laque | Stanza vieux-laque |
| 27 | Napoleonzimmer | Napoleon Room | Chambre de Napoléon | Stanza di Napoleone |
| 28 | Porzellanzimmer | Porcelain Room | Salon des Porcelaines | Stanza delle porcellane |
| 29 | Miniaturenkabinett | Miniatures Room | Le cabinet des miniatures | Stanzetta delle miniature |
| 30 | Millionenzimmer | Millions Room | Le salon des Millions | Stanza dei milioni |
| 31 | Gobelinsalon | "Gobelin" Room | Le salon des Gobelins | Stanza degli arazzi |
| 32 | Gedenkzimmer | Memorial Room | Salle commémorative | Stanza delle rimembranze |
| 33 | Roter Salon | Red Drawing-Room | La chambre rouge | Salone rosso |
| 34 | Terrassenkabinett Ost | East Terrace Room | Le cabinet de la terrasse est | Stanzetta con terrazza – Est |
| 35 | Geburtszimmer | Birthplace (Natal Room) | Chambre natale | Sala parto |
| 36 | Arbeitszimmer Erzhzg. Franz Karls | Archduke Franz Karl's Study | Le cabinet de travail de l'archiduc François-Charles | Studio dell'Arciduca Francesco Carlo |
| 37 | Salon Erzhzg. Franz Karls | Archduke Franz Karl's Drawing-Room | Le salon de l'archiduc François-Charles | Salone dell'Arciduca Francesco Carlo |
| 38 | Wildschweinzimmer | "Wild Boar" Room | La salle des sangliers | Stanza dei cinghiali |
| 39 | Durchgangszimmer | Corridor | Salle de passage | Stanza di passaggio |
| 40 | Schloßkapelle | Chapel | Chapelle du château | Cappella |
| 41 | Maschinenzimmer | Machinery Room | Salle des machines | Stanza delle macchine |
| 42 | Karussellzimmer | Carousel Room | Salon du Carrousel | Stanza del carosello |
| 43 | Große Galerie | Great Gallery | Grande Galerie | Grande galleria |
| 44 | Laternenzimmer | Lantern Room | Salle des Lanternes | Stanza delle lanterne |
| 45 | Blaue Stiege | Blue Staircase | Escalier bleu | Scala azzurra |

# STAMMTAFEL DES HAUSES ÖSTERREICH

- **Ferdinand III.** 1608–1657, Kaiser 1637
  - **Leopold I.** 1640–1705, Kaiser 1658, ⚭ 1660 Inf. Margarita Teresa († 1673), ⚭ 1673 Claudia Felicitas († 1676), ⚭ 1676 Eleonore v. d. Pfalz
    - **Joseph I.** 1678–1711, Kaiser 1705, ⚭ 1699 Wilhelmine v. Braunschweig – Lüneburg
      - Maria Josepha, 1699–1757, ⚭ 1719 Friedrich August v. Sachsen – Polen
      - Maria Amalia, 1701–1756, ⚭ 1722 Karl Albrecht v. Bayern (Kaiser Karl VII.)
    - **Karl VI.** 1685–1740, Kaiser 1711, ⚭ 1708 Elisabeth Christine v. Braunschweig – Wolfenbüttel
      - MARIA THERESIA, 1717–1780, ⚭ 1736 **Franz I. Stephan** v. Lothringen (Kaiser Franz I.)
        - Maria Anna, 1738–1789, Äbtissin in Prag 1766–1781
        - **Joseph II.** 1741–1790, Kaiser 1765, ⚭ 1760 Isabella v. Parma, ⚭ 1765 Maria Josepha v. Bayern
        - Maria Christine, 1742–1798, ⚭ 1766 Albert v. Sachsen – Teschen
        - Maria Elisabeth, 1743–1808, 1781 Äbtissin in Innsbruck
        - Karl Joseph, 1745–1761
        - Maria Amalie, 1746–1804, ⚭ 1769 Ferdinand v. Parma
        - **Peter Leopold II.** 1747–1792, Kaiser 1790, ⚭ 1765 Maria Ludovica
          - **Franz II.** 1768–1835, Kaiser 1792–1806, Kaiser v. Österreich 1804, ⚭ 1788 Elisabeth v. Württemberg († 1790), ⚭ 1790 M. Therese v. Sizilien († 1807), ⚭ 1808 Maria Ludovica († 1816), ⚭ 1816 Caroline Augusta v. Bayern
            - Marie Luise, 1791–1847, ⚭ 1810 Napoleon I.
            - **Ferdinand I.**, der Gütige, 1793–1875, Kaiser v. Österreich 1835–1848
            - Franz Karl, 1802–1878, ⚭ 1824 Sophie v. Bayern
              - **Franz Joseph I.** 1830–1916, Kaiser v. Österreich 1848–1916, ⚭ 1854 Elisabeth in Bayern 1837–1898
                - Gisela, 1856–1932
                - Rudolph, 1858–1889
                - Marie Valerie, 1868–1924
              - Maximilian, 1832–1867, Kaiser v. Mexiko
              - Karl Ludwig, 1833–1886
                - Franz Ferdinand, 1863–1914
              - Ludwig Viktor, 1842–1919
          - Ferdinand III., 1769–1824, Großherzog v. Toscana 1790
          - Karl, 1771–1847, Hochmeister d. Deutschen Ordens
          - Joseph, 1776–1847, Palatin v. Ungarn 1796
          - Johann, 1782–1859, Reichsverweser 1848/1849
        - Maria Josepha, 1751–1767
        - Maria Karoline, 1752–1814, ⚭ 1768 Ferdinand v. Sizilien
        - Ferdinand Karl, 1754–1806, ⚭ 1771 Beatrice d'Este
        - Maria Antoinette, 1755–1793, ⚭ 1770 Ludwig XVI. v. Frankreich
        - Maximilian Franz, 1756–1801, Kurfst. v. Köln, Hochmeister d. Dt. Ordens
      - Maria Anna, 1718–1744, ⚭ 1744 Karl v. Lothringen
      - Maria Amalie, 1724–1730